10歳までに

＼自己肯定感×非認知能力／

一生ものの土台ができる

究極の子育て

おおたとしまさ 監修

STUDY HACKER こどもまなび☆ラボ 編

プレジデント社

はじめに――本書刊行にあたり

本書は、ウェブサイト『ＳＴＵＤＹ ＨＡＣＫＥＲ こどもまなび☆ラボ』に掲載された約１４００本の子育て記事のなかから「変化や逆境の時代において、一生ものの土台となる力や心を養うために大切なこと」を突き詰め、厳選した記事をまとめたもの。すなわち、これからの子育てに関するベスト盤のような1冊です。

『ＳＴＵＤＹ ＨＡＣＫＥＲ こどもまなび☆ラボ』は、子育てにおいて親御さんが感じる不安や焦りを一つひとつ払拭し、大切な子どもたちが輝かしい未来をつかみ取るためのお手伝いがしたいという思いから、２０１８年2月にオープンしました。それから約2年半がすぎたいま、時代はいよいよ大きな転換点を迎えているようです。

子どもたちがこの先行き不透明な現代を生き抜いていくための〝土台〟として、「自己肯定感」と「非認知能力」がとくに大切だと、多くの専門家が口をそろえます。「自己肯定感」とは無条件に自分にＯＫを出せる感覚。「非認知能力」は、やり抜く力、好奇心、自制心など、テストの点数では表せない幅広い力を意味しています。

こうした力は親の保護下にある幼少期から培《つちか》われるものだとされています。本書では「10歳までに」とうたっていますが、10歳をすぎるともう遅いというわけでもありません。その頃を境に親子の距離感が変わることが多いので、主として、10歳くらいまでのかかわり方についてまとめたというわけです。そして、お金や時間をかけてなにか特別なことをしなければいけないわけではないことが、16人の専門家による丁寧な解説を読めば、おわかりいただけると思います。

愛する子どものために、いまできることはすべてしてやりたい。親であれば、そう思うものです。だからつい、毎日頑張ってしまうのですよね。でもたまに「本当にこれでいいのかな？」と猛烈な不安が押し寄せてくる。そんなときにも、本書を開いてみてください。肩の力が抜けるような、心に響くアドバイスが見つかるはずです。「心」も「体」も「脳」も大きく成長する子どもたちが、自分らしく、未来へと進んでいけますように。

『STUDY HACKER こどもまなび☆ラボ』編集部

はじめに——本書刊行にあたり 002
——『STUDY HACKER こどもまなび☆ラボ』編集部

序章
いくら時代に変化が起きても、子どもにとって大切な「学び」は変わらない 011
——おおたとしまさ（教育ジャーナリスト）

Chapter 1
先行き不透明な時代をたくましく生きていく
強くしなやかなメンタルを手に入れる

01
ストレスと無縁の人生を送ることは不可能
大切なのは、ストレス発散の選択肢を示すこと 028
——小関俊祐（桜美林大学リベラルアーツ学群准教授）

02
友だちとのトラブル、本当に悪いこと？
失敗した経験が「折れない心」を育てる 040
——嶋村仁志（一般社団法人TOKYO PLAY代表理事）

Contents

03 劣等感が自尊心に変わる！
親子でできる「レジリエンス」の簡単トレーニング法 …… 047
――渡辺弥生（法政大学文学部教授）

04 気持ちに寄り添うことで、子どもは我慢の意味を知る
「辛抱強い子」の親は褒め上手！ …… 056
――井戸ゆかり（東京都市大学人間科学部教授）

05 「キレやすさ」も三つ子の魂百まで
子どもが「キレやすい」人間に育つ、〝絶対にＮＧ〟な親の振る舞い方 …… 062
――本田恵子（早稲田大学教育学部教授）

Chapter 2
ソーシャルスキルを身につける
社会生活を円滑に営む、〝生きるための総合力〟

06 「不安ありき」で子育てしていませんか？
子どもの「ソーシャルスキル」を伸ばす家庭教育法 …… 080
――渡辺弥生（法政大学文学部教授）

07

「先生にいいつけるよ」がダメな理由
自己主張できる子に育てるには、「気がね」をさせないこと
――井戸ゆかり（東京都市大学人間科学部教授） …… 092

08
さまざまな人との触れ合いで「協働力」を伸ばす
親以外の人との交流によって広がる子どもの視界
――鈴木みゆき（国立青少年教育振興機構理事長） …… 100

Chapter 3

非認知能力を高める

IQテストでは測れない、能動的な心のありよう

09
自分の頭で考えられる子になるために大切なこと
子どもの「人生を決める」非認知能力の伸ばし方
――増田修治（白梅学園大学子ども学部教授） …… 108

Contents

10 子どもが「目をキラキラさせる世界」があればOK！ …… 123
「非認知能力」と「認知能力」は車の両輪
―大豆生田啓友（玉川大学教育学部教授）

11 学童でのさまざまな経験が、子どもに「学び」を授ける …… 134
「非認知能力」を高めるのに大切な「課外時間」の過ごし方
―野上美希（一般社団法人キッズコンサルタント協会代表理事）

Chapter 4
自己肯定感を育む
無条件に自分に「OK」を出せる

12 「愛情」と「体験」が豊かな心を育ててくれる …… 142
子どもの人生を充実させる前向き思考の「自己肯定感」
―鈴木みゆき（国立青少年教育振興機構理事長）

13 「できる・できない」より「自分の良さ」に気づかせてあげて …… 149
見過ごしてはいけない自己肯定感「低下」のサイン
―井戸ゆかり（東京都市大学人間科学部教授）

14
子どもの自己肯定感を高める魔法の言葉
「Iメッセージ」で親の気持ちを伝えて！
――石川尚子（ビジネスコーチ）……155

15
「褒める」から「認める」へ
「根拠のない自信」で、子どもはぐんぐん伸びていく！
――おおたとしまさ（教育ジャーナリスト）……162

Chapter 5

親子のコミュニケーションを深める

豊かな心のやり取りが、親も子も幸せへと導く

16
「失敗」の経験が子どもを大きく成長させる
親が身につけておきたい「子どもとの距離感」
――田中博史（筑波大学附属小学校前副校長）……172

Contents

17 子離れできない親とその子どもの末路
親が自分の人生を肯定的に生きることが、子どもを自立させる第一歩 …… 178
―柳沢幸雄（北鎌倉女子学園学園長）

18 困難に立ち向かえる自信のある子の育て方
なにより大切なのは親子間の「アタッチメント」 …… 184
―森口佑介（京都大学大学院文学研究科准教授）

19 手がかからない子ほど要注意！
自己決定できない「いい子症候群」の防止法 …… 190
―諸富祥彦（明治大学文学部教授）

20 他人との比較で得た幸せは長続きしない
「幸福学」でわかった、親子で幸せになる方法 …… 198
―前野隆司（慶應義塾大学大学院システムデザイン・マネジメント研究科教授）

おわりに …… 212

序章

いくら時代に変化が起きても、子どもにとって大切な「学び」は変わらない

おおたとしまさ
（教育ジャーナリスト）

The ultimate child-rearing

●「AI時代」よりも先にコロナがきた

これからは先行きの見通せない時代、正解のない世の中になると、これまでも耳にたこができるほどいわれてきました。2045年には、AI（人工知能）が人間の能力を上回るシンギュラリティー（技術的特異点）がやってくるとも予言されてきました。だから、これからの子どもたちは、いままでとはちがう教育を受けて、いままでとはちがう能力やスキルを身につけておかなければいけないと、多くの人が考えていました。

しかし、2019年12月に、中国で新型コロナウイルスが発見されると、それが一気に国境を越え、世界の様相は一変しました。グローバル化のかけ声のもとに世界中を飛び回っていたヒトやモノが、ストップしました。世界中の多くの子どもたちが学校に通うことすらできなくなりました。東京オリンピックも延期になりました。そして、たくさんのかけがえのない命が失われました。

誰がこんな2020年を予測できたでしょう。シンギュラリティーを待つまでもなく、誰も予想できなかった別世界が、わたしたちの目の前に広がったのです。

でも、わたしたちはなんとかやっています。新型コロナウイルスが地上からいなくなることはなさそうだと腹をくくり、「withコロナ」のニューノーマルを模索しはじめています。立派に先行きの見通せない時代に対応しています。正解のない世の中を生きています。

なーんだ。旧来の教育を受けてきた大人たちにもちゃんと、先行きの見通せない時代や正解のない世の中を生き抜く能力やスキルが身についていたということです。これまでの教育だって、ベストではなかったかもしれないけれど、けっして間違っていたわけではなかったのです。

時代の変化は激しいのだから、教育も早急に変えなければいけないというヒステリックな煽動《せんどう》にはあまり妥当性がないことがわかりました。これはコロナによる怪我の功名だとわたしは思います。

●子どものペースや順番は変えられない

「ビッグロックの法則」という有名なたとえ話があります。壺に、まず大きな岩を入れられるだけ入れます。次に石を入れられるだけ入れます。そして砂利を入れられるだけ入れます。さらに砂を入れられるだけ入れます。最後に水を入れられるだけ入れます。壺が満杯になりました。次にそれらを一度ぜんぶ外に出し、さきほどとは逆の順番で壺に戻していきます。水を入れます。砂を入れます。砂利を入れます。石を入れます。岩を入れます。どうなるでしょう？　岩は壺に収まりません。

ものごとには順番があるというシンプルな教訓が得られます。

子どもの成長も同じです。どんなに世の中の変化が激しくても、子どもの成長・発達のペースは変わりません。生後3カ月の赤ちゃんがいきなり漢字を読んだり、1歳の子どもがいきなり九九を覚えたりはしません。これからの時代は英語やプログラミングも必要だからといくら大人が焦ったって、他の成長や発達を差し置いて、それらを先に子どもの頭にインストールすることなどできないのです。そんなことをしたら、なにか大事なものが、あとから入らなくなってしまいます。

乳幼児に言葉や計算を教える早期英才教育の効果がごく短期間で消えてしまうことはいまとなっては有名ですが、かつては、教育熱心な親ほど、わが子に少しでも早く高度な知識やスキルを身につけさせようとした時代がありました。最近ではむしろ乳幼児期に遊びや実生活を通して、「非認知能力」を鍛えておくことが重要だという指摘が多く聞かれるようになっています。

ペーパーテストで測れるような、数値として認知しやすい能力のことを「認知能力」といいます。逆に、コミュニケーション能力や忍耐力など、数値としては認知しにくい能力のことを「非認知能力」といいます。

乳幼児期に身につけた非認知能力がその人の後年の人生にまで大きな影響を与えることを経済学的に示したノーベル経済学賞受賞学者ジェームズ・ヘックマン※博士の研究が有名ですが、非認知能力が高ければ、認知能力はあとからついてくることがわかっています。その逆はありません。つまり、非認知能力こそ「ビッグロック（最初に取り入れるべきもの）」だということです。

非認知能力が高ければ、時代の変化に応じて必要になる能力やスキルをその都度あとから身につけることは可能です。それが、先行きの見通せない時代を生きるセオリーです。だって、あらかじめどんな能力やスキルが必要になるかなんて誰も予言できないのですから。

そこで本書でも、Chapter3を中心に、非認知能力の高め方に多くの紙幅を割きます。

●新しい知識やスキルの洪水をどう乗り切るか？

しかし、いくら非認知能力を高め、時代の変化に応じて新しい能力やスキルを身につけたとしても、次から次へと新しい知識や技術が生み出される社会において、ひとりの人間が身につけられる能力やスキルには限界があります。

それではやはり、時代の変化についていけなくなっちゃうのではないか。だからやっぱり、幼い頃から新しい能力やスキルを少しでも多く身につける訓練をはじめておいたほうが有利ではないか。そう考える人がいるかもしれません。

でも冷静に考えてください。子ども時代にやるべきことを差し置いて、未来の社会に必要とされる能力やスキルを慌てて詰め込んだとしても、日進月歩で生み出される膨大な知識やスキルを前にしたら、ひとりの人間が身につけられる量なんてどのみちたかがしれていますし、そうまでして詰め込んだ能力やスキルが、結局は未来の社会においてはもう時代遅れになっている可能性だってあります。

では、変化の激しい時代に生きるこれからの子どもたちは、どうやったら膨大に生み出され続ける新しい知識やスキルを不足なく身につけられるのでしょうか。大人になってからでも間に合うのでしょうか。

ヒント。お子さんは、独りじゃありません。

そう。洪水《こうずい》のように生み出される新しい知識やスキルを、すべての子どもたちが身につける必要などないのです。たくさんの子どもたちが、手わけをして身につけて、みんなでシェアすればいいのです。

たまたま自分が持っている知識やスキルが必要とされているなら、それを仲間に提供すればいい。自分には身につけられそうにない知識やスキルが必要な状況になったのだとしたら、それを持っている人と仲間になり、わけてもらえばいいのです。

人よりも多くの知識やスキルを身につけて〝勝ち組〟になろうとするよりも、自分の資質や得意分野を生かして身につけた知識やスキルをみんなのために提供できる人が、これからの時代では重宝されます。そういう人は、どんな時代になっても必要とされますから食いっぱぐれることがありません。

だからこそ、コミュニケーション能力やソーシャルスキルの必要性が叫ばれているのです。本書でもChapter2を中心に、ソーシャルスキルを身につける方法を紹介していきます。要するに、社会のなかに自分の居場所をつくる力です。

●日本の受験制度はそう簡単には変わらない

ここまでの話をまとめれば、時代は変わっても人間が幼い頃に学ばなければいけないことの優先順位はそれほど変わらないのに、それを忘れて子どもに未来の知識やスキルを先取り的にあれもこれも教え込もうとすることは非合理的だということです。

ではなにが優先か。それを各界の専門家に聞いてまわってまとめたものが本書です。これを1冊読めば、変化の時代に強い子を育てるための勘所が、すっと腑に落ちるはずです。そうです。本書こそが「ビッグロック（最初に取り入れるべきもの）」なのです。これだけ押さえておけば、あとのことはなんとかなる！

「そうはいっても、現実問題として受験とかあるじゃないですか……」という声が聞こえてきます。いくら非認知能力が大切だとわかっていても、のちのち受験勉強をさせなきゃいけないことを考えると、やっぱり早くから認知能力を鍛えておきたくなるのが親の性《さが》。そこにどう折り合いをつけるか。

結論からいいます。世の中がどんなに変わっても、残念ながら日本の受験制度は10年やそこらでは変わりません。小学校受験を選択するか、中学受験をさせるのか、高校受験で頑張るのかわかりませんが、ペーパーテストの試練は避けられませんし、偏差値競争も免《まぬが》れません。それが現実です。

受験勉強の結果得られる学力それ自体は、これからの世の中を生きていくうえでさほど意味のないものであると、本書を読めばよくわかると思います。だったらもういいじゃないですか。その子が無理なく頑張れる範囲で頑張って得た学力をその子の実力だと思って、それで受験に挑戦し、その結果得られた道を堂々と進めば。これからの時代を生きるうえで重要な「ビッグロック」さえちゃんと押さえている自信があるのなら、学校の偏差値など気にする必要はありません。

受験制度に文句をいってもはじまりません。要するに親がそうやって腹をくくれるかどうか、それだけです。受験制度が変わらなくたって、受験との向き合い方を変えればいいのです。

「〝いい学校〟に行きたいのなら受験勉強を頑張るのはもちろんいいけれど、そうでないのなら、無理をする必要はない。君はすでに、これからの時代を生きていくうえでいちばん重要なものは身につけているから心配することはない」といって子どもを送り出してやればいいじゃないですか。本質を突く親のその姿勢が、正解のない世の中では、子どもにとっての良きロールモデルになるはずです。

でも、どうせやるなら受験勉強だって一生懸命やればいい。受験勉強を通して知力と体力が身につくことは間違いありません。さらに、その勉強にどれだけの意味があるのかは置いておいて、目標のために必要だと決められたことをやり抜くことで、やり抜く力が身につきます。良くも悪くも日本の受験勉強にはそういう効果があります。どうせやるなら、そういう機会だととらえてみてはいかがでしょう。

ただし、勉強し過ぎて体を壊したり、丸暗記の勉強ばかりして本当の知力が身につかなかったりしたら本末転倒です。また、親や先生からやらされる受験勉強では、やり抜く力なんて身につきませんから注意してください。

「教育ママ」vs「ヘリコプターペアレント」

「教育虐待」という言葉を聞いたことがあるでしょうか。わが子により良い教育を与えたいと思うがあまり、子どもに身体的な暴力を振るったり、言葉や態度による暴力を加えたりして、子どもを深く傷つけてしまうことです。

でもそういうことをしてしまう親御さんでも、非認知能力の重要性は十分に理解していて、頭では「のびのび自由に育ってほしい」と本気で思っているケースが多いのです。そこが、とにかく勉強だけさせればいいと考えていた昭和の「教育ママ」と現代の「ヘリコプターペアレント（過干渉な親）」のちがいです。

勉強だけではダメだとわかっているから、スポーツも芸術もやらせる。お友だちとのコミュニケーションも重要だと知っている。でも勉強にも手を抜かない。要するに、きっちりと、のびのびさせるスタイル。欲張りなんです。

一方、毎日時間がありませんから、自分が重要だと思っていること以外のことに1秒でも子どもが時間を使うと、ヘリコプターのように急降下してきて、耳元で怒り出します。でもそれでは子どもの好奇心や主体性なんて育ちませんよね。

本書を読めば、子どもをのびのび育てることの大切さは十分に理解できると思います。一方で、きっちりを手放すことができないと、結局子どもへの負担は大きくなり、ちっとものびのび育たなくなってしまいますから気をつけてください。

●「ｗｉｔｈコロナ」の時代に親が子に示すべきしたたかさとは？

変化の激しい時代といわれますけれど、そもそも子どもは変化に対して驚異的な適応力があります。シンギュラリティーがやってこようが、「ｗｉｔｈコロナ」のニューノーマルになろうが、子どもたちは必ず変化に適応し、むしろ自分たちで未来をつくっていきます。もし変化に適応できないような悲劇が起こるとしたら、それは大人が古い価値観で子どもを縛り、固定してしまった場合です。

現在新型コロナウイルスによって子育てや教育にもさまざまな制限が生じてしまっていますが、変わってしまった世界を嘆《なげ》いても仕方ありません。そういう姿勢ではこれからの時代を生き抜いていくことは難しいでしょう。

そうではなくて、むしろこの状況でこそ、変化の激しい時代を生きるためのお手本を大人が子どもに見せるチャンスだと思えばいいのではないでしょうか。そういうしたたかさこそが、これからの時代に求められているのだと、わたしは思います。

※ジェームズ・ヘックマン
シカゴ大学経済学部特別教授。労働経済学を専門とし、2000年にノーベル経済学賞を受賞。〝恵まれない家庭の子ども〟を対象にした「ペリー就学前プロジェクト」「アベセダリアンプロジェクト」などの追跡調査・研究により、非認知能力の重要性を示したことでも知られる。

Chapter 1

先行き不透明な時代を
たくましく生きていく
強くしなやかな
メンタル
を手に入れる

The ultimate child-rearing

01

大切なのは、ストレス発散の選択肢を示すこと

ストレスと無縁の人生を送ることは不可能

小関俊祐
（桜美林大学リベラルアーツ学群准教授）

●ストレスには「種類」がある

仕事や家事、日々の子育てに追われてたくさんのストレスを抱えている人も多いことでしょう。大人にとってはあたりまえのように使う「ストレス」という言葉ですが、**ストレスとひとことでいっても、じつはいくつかの種類にわけることができます。**普通、ストレスというと心理的なものをイメージしますよね？　ただ、ストレスとはもともと「圧力」を意味する物理の用語ですから、物理的な圧力を表すものでもあるわけです。両方のストレスがあるわかりやすい状況というと、満員電車でしょうか。まわりの人と身体的接触がある満員電車では物理的な圧力も感じますし、「窮屈《きゅうくつ》だなあ」

「暑いなあ」といった心理的ストレスも同時に感じます。

また、それらとは別の観点からのストレスのわけ方もあります。いま挙げた満員電車でも感じるような**日常的なストレス**は「**デイリーハッスル**」と呼ばれるもの。一方、**人生のうちで何度も経験することのないストレスが「ライフイベント」**と呼ばれるものです。ライフイベントの例としては、子どもの場合なら、入学や卒業、転校、クラス替え、受験、親の離婚といったものが挙げられます。大人の場合なら、結婚や就職、転職などでしょうか。大人と子どもに共通するものとしては震災などの災害も含まれ

ストレスにはふたつの種類がある

ライフイベント

入学・卒業、就職、結婚など人生の節目に環境が変わることによるストレス

デイリーハッスル

満員電車や人間関係のトラブルなど、日常生活を営むうえで感じるストレス

ます。

ライフイベントの場合は、自分が置かれている立場によって内容が大きく変わりますから、やはり大人と子どものライフイベントにはちがいが出てきます。でも、デイリーハッスルのほうは人間が日常生活を営むうえで感じるストレスなので、大人と子どもで大きくちがってくるものではありません。

●子どもも大人と同じようにストレスを感じている

子どもはいつでもニコニコ笑っている天使だなんて思っている人なら、「子どもはストレスを感じるの？」という疑問を持っている人もいるかもしれません。**「これがストレスだ」と本人が理解しているかどうかは別として、もちろん子どもだってストレスを感じます。**たとえば、生まれたばかりの赤ちゃんなら、「お腹がすいた」「おむつを替えてほしい」「ママがいないよ」と泣きますよね。いま置かれている状況、感じていることが「嫌だよ」といって泣くのですから、これも立派なストレスといっていいでしょう。

幼稚園や保育所に入って大きく変わるのは友だち関係ができるということ。すると、おもちゃを貸してほしいのに貸してくれない、おもちゃを貸したくないのに取られちゃったというようなことが起きてきます。つまり、**友だち関係から新たなストレスを受けるようになる**のです。また、家庭内でも弟や妹が生まれれば、下の子に対する対抗からストレスを感じるということもあるでしょう。

そして、小学生になれば、いうまでもなく勉強がはじまります。勉強をする幼稚園もあるでしょうけれど、小学校での勉強時間はそれまでより一気に長くなる。しかも、未就学児なら勉強の出来に関係なく「わあ、すごいね！」と褒められていたのに、小**学生になったらテストや通知表などで他者から評価をされる**ことになります。運動をしても、**「勝った負けた」「あの子はうまい、へた」というふうにやはり評価をしたりされたり**する。それは子どもにとってこれまでになかったストレスです。

また、小学校中学年くらいになると、分数や小数といった抽象的概念が登場するなど勉強の難易度が一気に上がります。そうすると、低学年の頃は多くの子どもが比較的容易にテストで高得点を取れていたのに、学力の差が顕著《けんちょ》になってくる。それまで勉強が得意だと思っていた子どもも、テストで結果が出なくなり大きなストレスを感じることも出てきます。

そして、これらは大人にもあてはまるものです。大人も子どももお腹が減ればストレスを感じますし、友だち関係の悩みも持つ。勉強にかかわるストレスは仕事にかかわるストレスに置き換えることができるでしょう。**子どもは子どもなりに大人と同じようにさまざまなストレスを日常的に感じている**のです。

●子どものストレスを排除し過ぎることは危険

では、そんなストレスはわたしたちにとって必要なのでしょうか？　その答えは「YES」です。ただ、それは自分が付き合えるほどの「ある程度のストレス」ということになる。手に負えないような過大なストレスは心を大きく傷つけてしまいますから、ないに越したことはありません。

一方、ある程度のストレスとは、たとえば「お腹が減る」といった日常的に感じる小さなストレスです。それこそが、人間にとって重要なのです。人間というのは、お腹が減るからご飯を食べようとするし、将来が不安だから働こうとする。もちろん、そこに楽しみを見出している一面もありますが、**自分が生きていくためにするべきことをしないといけないという危機感を与えてくれるのがストレス**なのです。

そもそも、まったくストレスを感じないとしたらどうなるのかと想像してみてください。お腹が減ることにストレスを感じなければ、体はエネルギーを求めていても食事をしようともしない。また、将来になんの不安も感じませんから、お金を稼ごうと働くこともしないでしょう。つまり、ストレスを感じなければ、生きていけないということになるのです。

そういう意味では、**子どものストレスを排除し過ぎることは危険**だという言い方もできます。「転ばぬ先の杖」という言葉がありますが、ストレスマネジメントにおいてはその杖は危険なものです。ストレスと無縁の人生を送ることは不可能なのですから、子どもが転ばないようにするのではなく、**転んだときにそのストレスとどう向き合ってどう起き上がればいいのか**ということを、子どもが小さいうちから教えてあげなければならないのです。

●それぞれに得意分野がある2種類の「ストレスコーピング」

ストレスとの向き合い方のひとつに、「ストレスコーピング」というものがあります。これは、ストレスそのものにどう対処するかに視点を置いた手法のことで、「情動焦点型」と「問題解決型」という大きくふたつの種類にわけられます。前者は情動に焦点をあてる、つまりストレスを発散させて気持ちを楽にさせる方法です。一方の後者は、そもそものストレスの原因となっている問題をなくす手法を指します。

情動焦点型がフィットするのは、比較的大きな問題や過去に起こったことによるストレスに対処するとき。たとえば、前日に犯してしまった大失敗を悔やんでストレスを感じているような場合、タイムマシンでもなければ問題そのものにアプローチすることはできません。そういうときは、**いままさに感じているストレスを軽減するための行動を取ります**。人それぞれですが、漫画を読んだりテレビを観たりお風呂に入ったり、大人ならお酒を飲むというようなことです。

逆に、これから起きることによってストレスを感じている場合には、問題解決型がフィットします。明日のテストが心配でストレスを感じているというときに、漫画を

ストレスに対処する「ストレスコーピング」の2類型

問題解決型

未来への不安に対し、その不安を解消する行動を取る

情動焦点型

過去の問題に対し、気を紛らわせるなどしてストレスを発散する

読んでもお風呂に入ってもなんの解決にもなりません。だとすれば、しっかりテストでいい点数を取るための行動を起こす必要があります。

●ストレス発散の選択肢を持たない子どもに親が選択肢を示す

そして、これらの選択肢は多ければ多いほどいい。たとえば、ストレスを感じたために友だちと飲みに行こうとした人が、友だちに「忙しいから」と断られたときに、他の対処法を持っていなければストレスはたまる一方です。そうではなくて、他の友だちを誘ってみる、あるいは映画を観るといった別の手段を選ぶ必要があります。

そう考えると、**子どもは自分で選択できる手段が限りなく少ないですから、やはり親が選択肢を提示してあげる必要があります。**ひとつ注意してほしいのは、海外旅行や遊園地に行くといった、滅多にできないような選択肢を示すことは避けるべきです。そういう経験によって「遊園地で遊ぶことが僕にとっていちばんいいストレス発散方法なんだ」なんて子どもが思ったとしても、遊園地にはそう簡単に連れて行けるものではありません。**日常的なストレスを発散させる方法は、日常的にできるものでなければならないのです。**

子どもがストレスを感じているようだったら、子どもの好き嫌いに注目して選択肢を示してあげてください。幼い子どもでも、『アンパンマン』が好きだとか、チョコレートが好きだとか、ある程度の好き嫌いを持っているはずです。その好き嫌いに沿って、『アンパンマン』の映画を観る？」「チョコ、食べようか」「どうしたい？」というふうに選ばせてあげるのです。

幼い子どものためのストレスコーピングの場合、基本的には情動焦点型だけで問題ありません。幼い子どもの場合、先に挙げたテストのように先々起こることでストレスを感じるということが少ないからです。

でも、子どもが成長して小学校中学年くらいになると、具体的な問題を解決する必要も出てきます。その頃の子どもがストレスを感じるいちばんの問題というと、やはり勉強になるでしょう。その場合も子どもに選ばせてあげましょう。たとえば、子どもが勉強に集中できなくてストレスを感じているのなら、親が勉強を見ていたほうがいいのか、ひとりで自分の部屋でやるほうがいいのか、あるいは塾に通いたいのか。子どもと相談しながらいろいろな選択肢を示してあげるのです。

●「いつも子どもと一緒にいられる」親のメリットを生かす

ただ、**注意してほしいのは、「親が答えを決めつけない」ということ。**選択肢を示しながらも、「わたしはこれがいいと思う」なんて親が思っていると、子どもが別の選択肢を選んだときに親はイライラしてしまうものです。そんなことでは、子どものストレスを解消しようとしているのに、親がストレスを感じるということになりかねません。

また、**余裕を持って時間を使うということも意識してほしいポイント**です。誰よりも子どもと長くいられるのが、親が持つ最大のメリットです。ストレスを感じている子どもにカウンセリングを受けさせるとしても、カウンセラーがその子どもに会えるのはせいぜい週に1回、30分くらいのものでしょう。もちろん、カウンセラーは専門的な知識や技術を持っていますが、それ以上につねに一緒にいられるということが親の持つ強みなのです。

「いますぐ解決してあげなくちゃ」なんて思う必要はありません。**親が焦ってイライラすることなくじっくり子どもと向き合い、子どもにとって最適なストレスの対処法を一緒に考えてあげてください。**

Point

- ストレスは生きていくために必要なもの。やみくもに排除しようとしないこと
- 子ども自身がストレス発散法を見つけられるよう、選択肢を示してあげる
- 親が子どものストレス対処法を決めつけず、時間をかけて一緒に考える

02

友だちとのトラブル、本当に悪いこと？

失敗した経験が「折れない心」を育てる

嶋村仁志（一般社団法人TOKYO PLAY代表理事）

●子どもはもっと「聞きわけが悪く」てもいい

「思う存分、子どもを遊ばせられない」と、いまの禁止事項だらけの公園に不満を抱いている人も多いでしょう。でも、親自身も子どもに対して禁止事項を押しつけているということはないでしょうか？

さまざまなところで指摘されていることですが、たしかにいまの公園は、とにかく禁止事項のオンパレードです。ただ、それは管理責任が過度に追及されがちな社会の風潮やクレームの多さが背景にあるので、単純に行政を責めるわけにはいかないものです。

その一方で、かつては、他人に迷惑をかけるようなことや危険なことを「やらかしてしまった」子どもがいて、「さすがにそれはダメだろう」ということで禁止看板ができたのだと思いますが、いまは誰かがなにかをする前から禁止看板が立っているので、経緯を知らない子どもは禁止事項に無条件に従っていることのほうが多いように思います。

そんな時代にあっても、**子どもこそ、自分の内から湧き出る欲求というか、勝手に体が動いてしまうようなことをもっと大事にしていい**と思うのです。もちろん、大きな事故につながるような危険は避けなければなりませんが、子どもなら子どもらしく、もっと「聞きわけが悪く」なってもいいんじゃないかとも思います。

聞きわけが悪くなるというのは、ある意味では自立の証です。子どもが大人に向かって正しく成長する過程では必ず反抗期を迎えます。それは、親に守られながらも、その大きな存在から離れ、自分の人生を歩み出そうとしていることの表れなのです。

●トラブルから子どもが学べることもある

そういう禁止事項を素直に子どもたちが守っていることには、もちろん、大人の姿勢も大きく関係しているのでしょう。いまは、子どもにとって危険だからとか、倫理的に許されないことだからということ以上に、「トラブルを招いてしまいそうだから」という理由で子どもたちの先回りをしてしまうことが多いように感じます。

最近では、幼い子どもたちが水鉄砲で遊ぶとき、「お友だちに水をかけちゃダメよ。誰もいない方向に向けてやりなさい」という声が聞こえてくることもあります。本来であれば、友だちと水をかけ合うことが最大の楽しみでもある水鉄砲ですが、**大人同士の関係が緊張しているほど、それが子ども同士の遊びにも大きく影響してしまう**のです。

もちろん、なにかの理由があって濡れたくないという子どももいるかもしれません。でも、少し乱暴な言い方かもしれませんが、それはやってみて相手が嫌がってはじめて本当の意味でわかることでもある。そういう実感があって、「悪いことをしちゃった」「気をつけなきゃ」「謝ろう」と心から思うものであるはずです。

一方、濡れたくないのに水をかけられてしまった子どもにとっても、**「嫌だ！」と主張できる機会はとても大事なもの**ではないでしょうか。最初からその可能性を取り除いてしまうと、自分の心の底から「嫌だ」と思うチャンスがなくなってしまいます。そう思ったのなら、自分が「嫌だ」と思ったことをちゃんと表現して的確に相手に伝える、あるいは「嫌だ」と思った心をコントロールするということも学べるでしょう。

そういうことも成長過程においては重要だと思うのです。

遊びというのは、子どもたちそれぞれの「やりたい！」という気持ちが本心から出るところです。もちろん、それらがぶつかってトラブルを招くこともあるでしょう。でも、その**トラブルがあるからこそ、子どもたちはたくさんのことを自然に学び、育っていく**のです。

●言葉で言い聞かせるだけでは身につかない「レジリエンス」

もし、子どもにとってトラブルになりそうな芽をすべて親が摘み取ってしまうとどうなるでしょうか？　そもそも、一切のトラブルなく人生を歩むことは、どんな人間にも絶対に不可能です。そうすると、その子どもは大人になって親元を離れてはじめてトラブルに接することになる。それでは、トラブルにまともに対処できるはずもありません。

人生において何度となく降りかかるトラブルに対処するには、それができる「心」が必要です。それは、最近は「レジリエンス」という言葉で表現され、一般的に「回復力」「復元力」というふうに訳されますが、もっとわかりやすくいえば「折れにくい心」です。

わたしがかかわっているＩＰＡ（International Play Association）という国際ＮＧＯの大会でも必ず出てくる言葉で、それだけ世界的な注目度が増しているのでしょう。ただ、なぜレジリエンスがそれほど注目されるようになったかといえば、単純にいまの子どもたちがレジリエンスを身につける機会が大きく失われてきているからなのでしょう。そして、その原因は、子どもが遊ぶ機会、時間が激減したことにあるのではないかとわたしは考えています。

いくら子どもたちにとってレジリエンスが重要だといっても、「うまくいかなくても、また頑張らないといけないよ」と言葉で言い聞かせるだけでレジリエンスが育つわけがありません。だからといって、限られた子どもだけが、用意されたコミュニケーションのワークショップやプログラムで学ぶものでもないと思うのです。

やはり、日々の生活のなかで豊かに遊べる機会をつくり出すしかないと思うのです。自分がやりたいことを目いっぱいやって失敗した。でも、やりたいことなのですから、子どもはあきらめずに再び立ち上がって挑戦するはずです。**遊びのなかで子どもは勝手にレジリエンスを身につけていく**のですから、親からすればこんなに楽なことはないのではないでしょうか。

Point

✓子ども自身の内から湧き出る欲求を大切に。聞きわけが悪くなるのは自立の証

✓子ども同士のトラブルから、子ども自身が学ぶこともある。親はまず見守ろう

✓目いっぱい遊び、失敗し、再び挑戦する。その経験が、「折れにくい心」を育てる

03

劣等感が自尊心に変わる！

親子でできる「レジリエンス」の簡単トレーニング法

渡辺弥生（法政大学文学部教授）

●子どもが悩みはじめることは成長の証

子どもが小学生になると、幼児の頃と比べてさまざまな悩みを抱えるようになります。でも、それは「いいこと」なのです。なぜかというと、**幼い頃には悩まなかったようなことにも、心が発達したことで「悩めるようになった」**からです。**未来を展望し過去を振り返る力を得て、対人関係が広がると、悩みも多くなる**ものなのです。

ですから、悩みを抱えている子どもが、家族のふとした言動によって「うるさい！」なんていってバタンとドアを閉めたりすれば、親として子どもの成長を感じて喜んでほしいのです。

子どもにとって悩みやトラブルは成長の糧《かて》です。たとえば、少しは喧嘩《けんか》もしないと本当の意味で友だちと仲良くなることはできません。何気なくいったことでも「ここまでいうと相手を傷つけちゃうんだ」とか、良かれと思っていったことでも「ここまでいうとおせっかいになっちゃうんだ」というふうに**失敗して学ぶのが人間であり、未熟な部分をぶつけ合うことが子どもにとっては大切な学び**なのです。

●ネガティブな感情も人間には必要

そうした子どもの悩みには、怒りや嫉妬《しっと》、それから劣等感といったネガティブな感情から生まれるものもあります。小学生でも中学年、高学年くらいになると、テストの点が悪かったりスポーツがなかなかうまくならなかったりして、誰もが人と自分を比較するようになります。

ネガティブな感情を持つのはあたりまえのことですし、もっといえば人間として必要なものです。というのも、それらの感情は進化の過程で人間がサバイバルするために必要なものだったからです。怒りは外敵と戦うときに必要だったでしょうし、嫉妬や劣等感だって他人と自分を比較することでより良い人間になろうとするモチベーションになったことでしょう。また、ネガティブな感情があるからこそ、ポジティブな感情の意味もより感じられるようになるということもあります。

日本人の場合は、子どもにも親が「怒っちゃダメ」という言葉をかけるといった具合に、ネガティブな感情を封じ込めようとする傾向にあります。でも、アメリカのドラマなどを観ていると、親友同士や家族が怒りをぶつけ合って言い争うシーンをよく見ますよね。それが彼らにとってあたりまえのことであり、アメリカ人には相手のネガティブな感情に寛容なところがあるのです。

そもそも、子どもが**ネガティブな感情をすでに持ってしまっていれば、どんなに封じ込めようとしてもゼロにはなりません。**でも、封じ込める必要はなくとも、ただ感情任せに振る舞うとさらにトラブルを招くこともありますから、やはりマネジメントする力を鍛える必要はあります。そういうとき、親は子どもに「寄り添う」ということをいちばんに考えてください。「やっぱり怒っちゃうよね」「悔しいよね」と共感し、次に、「そういうときはこう考えたらどう？」「こうしてみたらどうかな？」と、**具体的にやれそうな策を教えてあげる**のです。

とくに道徳的な考えなどは、しつこいくらいに説明してあげないとなかなか子どもの心には入っていきませんから、子どもの成長に合わせてわかるように言葉をかけてほしいと思います。たとえば、「情けは人の為ならず」という言葉の真意は、子どもにはすぐには実感できないものですからね。

●劣等感に負けないための「4つのトレーニング」

先に、劣等感などのネガティブな感情も必要だとお伝えしました。ただ、あまりに劣等感が強くて自尊心を持てなくなってしまっては大問題です。ここで、劣等感に負けないためのトレーニングを紹介します。これは、**「レジリエンス」、いわゆる「心の**

回復力」を鍛える「4つのトレーニング」です。心を回復するうえで鍛錬しておく4種類の「筋肉」をイメージするよう子どもに伝えてトライさせてみましょう。

【レジリエンスを鍛える「4つのトレーニング」】

（1）「I am」マッスル

わたしは〇〇（自分を肯定する言葉）

例：わたしは優しい

（2）「I can」マッスル

わたしは〇〇ができる（自分ができること）

例：わたしは泳げる

（3）「I like」マッスル

わたしは〇〇が好き（自分が好きだと思うこと）

例：わたしは野球が好き

（4）「I have」マッスル

わたしには○○がいる、わたしは○○を持っている（自分が大事にしている人や宝物）

例：わたしには頼りになるお父さんがいる、わたしはアイドルのサインを持っている

目的は、**自分が持ついいところ、いいものをつねに「見える化」することで劣等感に打ち勝ち、自分の強みを資源にすること**です。子どもには、寝る前にそれぞれ3つくらいを思い浮かべさせる、あるいは書き出させてみてください。

それこそ、内容は本当に簡単なことで大丈夫。2なら「歯みがきができる」、4なら「お気に入りのノートとペンを持っている」なんてことでいいのです。きっと、子どもは「できそうだ！」「やれそうだ！」とポジティブな気持ちを持って眠りにつくことができるはずです。

4つのトレーニングで「レジリエンス」を鍛える

ネガティブな感情に押しつぶされない心の回復力＝レジリエンスは、自分自身の良いところを可視化することで鍛えられる。子どもと実践してみよう

①「I am」マッスル

わたしは○○

わたしは優しい、わたしは賢い、など自分そのものを肯定する

②「I can」マッスル

わたしは○○ができる

わたしは泳げる、わたしはピアノを弾ける、など自分ができることに着目する

③「I like」マッスル

わたしは○○が好き

わたしは花が好き、わたしは漫画が好き、など好きなもの・ことを連想する

④「I have」マッスル

わたしには○○がいる

わたしはかわいいペットを飼っている、わたしには頼りになるお父さんがいる、など大切にしているものに目を向ける

●子どもの短所は長所の裏返し

こういったトレーニングの良さとして、**親子問わずに「性格のせいにする」という考え方を変えられる**ことが挙げられます。とくに親の場合、子どもになにかうまくいかないことがあると、「あなたが怒りっぽいから」「暗いからよ」などと性格のせいにするということが見られます。

そうすると、子どもにそのレッテルを貼って、むしろその方向に子どもの背中を押すことになりかねません。「怒りっぽい」といわれた子どもは「怒りっぽい人間として生きていかないといけない」と思ってしまうのです。

でも、性格ではなく「トレーニング不足だから」ととらえられればどうでしょうか？　子どもは「トレーニングしてスキルさえゲットすればいい」とゲーム感覚でとらえ、自分の性格に悩むこともなくなります。親も「こういう性格の子に産んじゃったから」と思うとなにもしようがありませんが、「まだこの子はトレーニングが不足しているだけ」ととらえれば、子どものためになにかやれることがないか工夫しようと考えられますよね。

もっといえば、一見、あまり良くないように思える性格というのは、ポジティブにとらえてみると、じつはその子の資源で、強みなのです。たとえば、「怒りっぽい」子どもは、見方を変えれば「情熱的」ともいえます。**他人から短所だと思われているところはたいてい長所**でもありますし、それがその子の本来的なキャラクターなのですから、それを抑えるのではなく生かす方向に考えてあげるのが親の役目ではないでしょうか。

Point

- **子どもが悩んだりネガティブな感情を持ったりするのは成長の証**
- **劣等感に負けないために、「レジリエンス」を鍛えよう**
- **うまくいかないことがあっても、けっして性格のせいではない！**

04

気持ちに寄り添うことで、子どもは我慢の意味を知る

「辛抱強い子」の親は褒め上手！

井戸ゆかり
（東京都市大学人間科学部教授）

●「生理的な我慢」は強いるべきではない

幼い子どもを持つ親なら、公共の場で子どもが我慢できずに騒いでしまうことに悩まされた経験があるでしょう。また、子どもが小学生くらいになれば、勉強やスポーツに辛抱強く我慢強く取り組んでほしいという願いを持つはずです。

このような「我慢」には、大きくわけてふたつの種類があります。

ひとつは「自己抑制」という意味での我慢。これは、なにかいいたいことややりたいことがあっても、自分で判断をして「この場ではいわないほうがいい」「やらない

ほうがいい」と自分を抑えることです。そういう意味での我慢は社会生活を営むうえでとても大切なものですから、**幼いときからさまざまな経験を通して徐々に教えていくようにするといい**でしょう。

一方で、とくに幼い子どもの場合は、**「生理的な我慢」を強いるべきではありません。**トイレに行きたくなってしまう排泄《はいせつ》欲などはその代表的なものです。そういう我慢を無理にさせると健康にも害が及ぶことがあります。たとえば電車に長時間乗らなければならないときなどは、乗車前にトイレに行かせるとか途中でトイレ休憩を取るなど、親が工夫してあげる必要があります。

我慢のふたつの種類

生理的な我慢

排泄欲や体の痛みなどを我慢すること。心身へ害を及ぼしかねないため、極力避けたい

自己抑制

いいたいことやりたいことを自分の判断と意志で抑えること。経験を通して身につけさせていくもの

それらの工夫は、子どもにとって必要なルールを覚える訓練にもなります。たとえば、幼稚園や保育所のなかには、お昼ご飯の前に子どもたち全員をトイレに行かせるというところもあります。これには、食事中にはなるべくトイレには行くべきではないというマナー、ルールを教えるという意味も込められているのです。

生理的な我慢を強いるべきではないといっても、野放しにしてしまっては問題です。まずはきちんとルールを学ばせる。そのうえで、どうしても体の具合が悪いときなどは遠慮しないできちんと親や保育者に伝えるということを教えることが大切です。

●無理な我慢をさせないように親が工夫する

先にお伝えした自己抑制という意味での我慢についても、あまり幼いときから無理に我慢させることは注意が必要です。というのも、**子どもは幼稚園や保育所での集団生活を通じて、徐々に自己抑制を学んでいく**からです。3歳児たちの入園式では、どの子どもも落ち着きがありません。でも、3年後の卒園式では、みんなが静かにできて見違えるほどに成長した姿を見せてくれるものです。

そう考えれば、電車やレストランなど、**静かにしていてほしい場所に幼い子どもを連れて行く場合には、親の側が工夫するべき**ではないでしょうか。3歳くらいまでの幼い子どもは、走ってはいけない場所や静かにしておかないといけない場所というものがそもそもわからないのですから、まずはそういう場所にはなるべく連れて行かないという選択をすると良いと思います。

どうしても行かなければいけないというときなら、短時間で済ませることも選択肢のひとつとなります。または、静かなレストランで食事をするならば、お父さんとお母さんのどちらかが子どもに絵本を読んであげる、子どもを抱いて外に連れ出してあげるというように、両親が交代で子どもを見るということもできるでしょう。片方が子どもを見ているあいだに、食事を済ませるというわけです。

あるいは、いまならキッズスペースを設置しているような子どもを連れて行きやすい工夫をしているお店もありますから、そういうところを選ぶのも良いでしょう。

そもそも、親の都合で幼い子どもに我慢をさせることはなるべく避けたいもの。なぜなら、**3歳くらいまでの幼い子どもに無理やり我慢をさせたり、「ダメ!」とむやみに禁止したりすると、自発性が伸びなくなる**からです。そのくらいの子どもには、なるべくのびのびとできる環境を用意するように意識してみましょう。

●「褒める」ことが子どもを我慢強くする

その後、子どもが成長して小学生くらいになれば、勉強やスポーツなどに一生懸命に取り組める我慢強い子どもになってほしいと思う親は多いと思います。

そういう子どもに育てるためのポイントは、やはり「褒める」こと。

子どもが我慢強くなにかに取り組めたとしたら、「頑張ったね!」「よく我慢できたね!」と褒めてあげて、「本当は遊びたかったのにね」と子どもの気持ちに寄り添ってあげましょう。**我慢できたことを褒められた子どもは、我慢することに意味があると気づく**ようになります。

同時に、**褒めることは子どもの達成感を高めることにもなります。**なにかを成し遂げれば、子どものなかで達成感は生まれますが、親に褒められることがその達成感をさらに高めてくれる。その体験を経て、子どもは自信を持って「次も頑張ろう」と思えるようになります。

親などまわりの大人が褒めてあげることの重要性は、子どもには自分で自分を褒めることが難しいという点にあります。大人であれば、自分を客観視して「今日は頑張ったから自分にご褒美をあげよう」ということもできます。

でも、子どもにはそれが難しいのです。だからこそ、子どもが我慢強くなにかに取り組んだのなら、**たくさん褒めてあげて、「頑張って我慢してよかった」と感じさせてあげてください。**

Point

- 「生理的な我慢」はさせず、「自己抑制的な我慢」を身につけさせよう
- 子どもに我慢させなくて済む状況を整えよう
- 子どもが我慢強く取り組むことができたら、きちんと褒めよう

05

子どもが「キレやすい」人間に育つ、〝絶対にNG〟な親の振る舞い方

「キレやすさ」も三つ子の魂百まで

本田恵子
（早稲田大学教育学部教授）

●「キレる」人間には3つのタイプがある

17歳前後の少年が相次いで凶行を起こしたことで、「キレる17歳」という言葉がメディアを賑わせたのは、2000年頃のこと。それから約20年が過ぎましたが、その間にも、いわゆる「キレる」子どもたちが引き起こす学級崩壊等の問題は報じられ続けています。

また、スマートフォンやSNSの普及によって、事件になるような出来事に限らず、ちょっとした言動までが、全世界に発信され残り続けるようになっています。キレて

見境《みさかい》のない行動を取っていては、取り返しのつかないことになってしまう危険性もあるのです。

そうした意味でも、親たちは子どもを、自分自身の怒りをコントロールできる「キレにくい」人間に育てなければならないといえるでしょう。

一般的に「キレる」というと、興奮して怒っている状態をイメージするでしょう。でもそれだけではなく、**「キレる」人間には大きくわけて3つのタイプがあります。**

ひとつは、すぐに興奮する怒りっぽいタイプ。わたしは「赤鬼」タイプと呼んでいます。アドレナリンが出やすく、いろいろな刺激に対してすぐに興奮してカッとなるタイプですね。このタイプは、八つ当たりをしやすく周囲に自分の感情をまき散らします。大人でも、パワハラをするような人はこのタイプに属します。

その逆にあたるのが「青鬼」タイプ。強い不安を抱えていて、ひきこもる傾向にあります。自分が安心できる場所にいたり活動をしたりしているときは安定しています

「キレる」人間の3つのタイプ

凍りつきタイプ

周囲の期待に応えようと自我を抑え続け、疲弊してしまうタイプ

青鬼タイプ

不安な気持ちが強く、自分の領域を侵されると激しく反発するタイプ

赤鬼タイプ

外からの刺激にすぐに興奮してしまい、感情をまき散らすタイプ

が、そこに他者が侵入してきてやりたいことを止められたり、無理やり外に出されそうになったりすると、激しい攻撃をすることもあります。

　さらに「凍りつき」というタイプもあります。これは、虐待やいじめ、それから支配的な家庭に育った子どもに多いタイプですね。子どもは3歳くらいになると、「こういうことをやりたい」といった自我が出てきます。でも、自我を出したときに親に否定されると、子どもは「いい子でいないといけない」と思うようになります。ただ、自我に逆らって「いい子」でい続けるのは大変です。小学校ではずっと「いい子」だった子どもが、中学生になるといきなり不登校になっちゃった——。「いい子」でいることに疲れてしまうと、こういうことが起きるのです。

●親が怒鳴るときは子どもの脳も怒鳴っている

そういった点も含めて、「キレやすい子ども」になってしまうかどうかは、親のかかわり方にかかっているといっていいでしょう。

じつは、**安定した子どもになるかどうかのまず第1段階は、生まれてから3カ月くらいのあいだに決まってしまいます**。生まれたばかりの赤ちゃんは、まだはっきりとものを見ることができません。音は聞こえてにおいも感じられるけど、その正体はわからない。だから、とっても不安です。体も動かせませんから、赤ちゃんができることは泣くことだけ。

その泣き声を聞いた親が、しっかりと赤ちゃんの不安を察知して、おむつを替えてあげたりミルクをあげたりするなど、赤ちゃんが感じているいろいろな不快を快に変えることで、赤ちゃんは少しずつ安心して穏やかになっていくのです。

その3カ月のあいだに、たとえば未熟児で生まれたりなんらかの病気を持っていたりしたことで親から離される経験をした子どもの場合、分離不安（愛着を持つ人やものと離れることで、持続的に強い不安を感じること）を生じやすくなります。だから、幼稚園や保育所に行く際にもすごく泣く傾向にある。その原因は、生まれてから3カ月のあいだの親子の接し方にあるのです。

そのあとも、子どもがキレやすくなるかどうかは、親のかかわり方が大きく左右します。**3歳くらいになって感情が出そろってくると、子どもは親の感情や行動を真似していく**ようになります。自分にとってマイナスになる場面では、嘘をつくとうまくいくことを見ていると同様の行動をする。また、親から怒鳴られている子どもは、人と接するときや人になにかをしてもらいたいときには怒鳴るようになる、という具合です。だから、親から虐待された子どもは、学校ではいじめっ子になりやすくなるといいます。

このことには、脳内にある「ミラーニューロン」という神経細胞の働きが関連しています。これは、文字通り、「鏡の神経細胞」です。これによってどんなことが起こるのか。たとえば、父親が母親に暴力を振るっている場面を子どもが見てしまった。すると、子どもの脳のなかでは、ミラーニューロンによって子ども自身が暴力を振るっているときと同じ活動をする。つまり、**親が怒鳴っているのを見たら、子どもの脳も怒鳴っている**というわけです。「三つ子の魂百まで」という言葉がありますが、これは脳科学的にも正しいといえます。

●頭ごなしの否定は絶対にNG

子どもをキレやすい人間にしないためには、親は自分の行動を振り返って見直すしかありません。そのチェックポイントともいうべき行動指針はいくつもありますが、重要なことをいくつかお伝えするならば、まずは「**肯定的で具体的な行動を促す声か**

け」**を意識する**ことではないでしょうか。

頭ごなしの否定の言葉はＮＧです。「○○しないで」といわれると、子どもはなにをしていいのかわからず不安になってしまいます。電車のなかで静かにしてほしいときなら、「騒がないで」ではなくて「お口を閉じましょうね」「本を読もうか」というといった具合です。

また、**さまざまな試行錯誤をさせてあげることも大切**です。子どもは3歳くらいになると、いろいろと「実験」をしたがります。お風呂で石けんやシャンプーなどを混ぜて遊んでいるなんてこともあるでしょう。もちろん、危険が伴うことはやめさせなけ

子どもに具体的な行動を促す声かけ

頭ごなしに否定されると、子どもはなにをしていいのかわからなくなってしまう。「どうすればいいか」を伝えてあげるようにすること

× **騒がないで** → ○ **本を読もうか**

× **走らないで** → ○ **ゆっくり歩こう**

× (大事なものを) **触らないで** → ○ **そばで見るならいいよ**

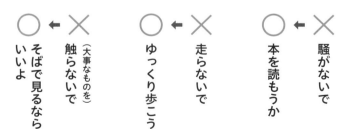

ればいけませんが、ある程度の試行錯誤、実験は許容してあげてほしいのです。

すると、そういった遊びなどを通じて、子どもは「これをやると怒られるんだ」「こういう遊び方は怪我をするんだ」と、実体験に基づいた説得力のあるルールやパターンを学んでいくことになる。そのなかには、「うまくお友だちと付き合うにはこうすればいいんだ」というふうに、人間関係にかかわることも含まれます。

いずれにせよ、大切なのは子どもに対する親のかかわり方。**それを肝に銘じて子どもの目線に立ち、子どもに暴力的な場面を見せていないか、頭ごなしに子どもの欲求を否定していないかと、普段の行動を振り返るようにしてほしいです。**

●キレやすい子どもが増えている時代背景

近年、怒りの感情をコントロールする手段として、「アンガーマネジメント」というアプローチが普及しつつあります。アンガーマネジメントが広まっている要因としては、感情をコントロールできない子どもが増えたことも挙げられるでしょう。その背景にあるのは環境の変化です。いまはまさにデジタル全盛の時代で、かつてのアナログの時代とは子どもをめぐる環境は大きく変わりました。

携帯電話が普及する前なら、友だちに電話するにも、友だちの親など誰かに取り次いでもらうことが普通でした。そうやって、普通にコミュニケーション能力や社会性が育つ時代だったのです。また、当時は「待つ」ということがあたりまえの時代でもありましたよね。電話もすぐつながるわけではありませんし、情報を得るにもニュースの時間や新聞が届くのを待つ必要がありました。

でも、いまは別世界。『LINE』を使うにも、子どもたちの場合はそれこそ「数秒ルール」です。いつも「返信しなきゃ!」と思っていますし、友だちから遅れまいとスマートフォンを介して**情報に追われ、つねに不安と興奮をいったりきたりしている状況**といえます。そんな状況では、感情が安定するわけもありません。

感情をコントロールできる「キレにくい子ども」に育てようと思えば、そういう状況を変える必要があります。たとえば、家族で食卓を囲むときにはテレビを消すとかスマートフォンは使わないといったルールをつくることも有効でしょう。**家族のあいだできちんとコミュニケーションが取れなければ、自分の感情をコントロールして他人と適切な人間関係を築くことなどできるはずもありません。**そういう意味でも、親が子どもとしっかり対話することが大切になります。

●本来のアンガーマネジメントは多くの時間が必要

親子間の対話におけるポイントを紹介する前に、アンガーマネジメントとはどういうものかをまず知ってもらいたいと思います。

怒りなどの感情をコントロールできない人は、自分の欲求を間違ったやり方で出してしまうという特徴があります。アンガーマネジメントとは、その欲求の正しい出し方を学び直すという時間がかかる教育プログラムであり、本来なら予防的なプログラムでも最低で6回の講習を受けてもらう必要があります。

最低6回のプログラムを受けると聞いて、「そんなに回数が必要なの？」と、ちょっと驚いた人もいるかもしれません。いま、ビジネスパーソンやアスリートに広まっているアンガーマネジメントというのは、そのエッセンスを抜き出して、ちょっと怒りを感じたときなどにその場で対処するための簡易的なテクニックといった側面が強いものですから、意外に思う人がいるのもわかります。

でも、**すでにキレやすくなってしまっている子どもの場合、そもそも言葉で自分の行動が制御できない状態になっている**のですから、それらの簡易的なテクニックは使えませんし、正しく欲求を表現することを学び直すには本当に時間がかかるものなのです。

キレにくい子どもに育てるために、親は子どもとしっかり対話することが大切だとお伝えしました。そのためには、**親が自分と子どもの気持ちや欲求をわけてとらえる力を持っていることが大切**になります。というのは、「あなた（子ども）のため」といいつつ、じつは「わたし（親）のため」に指示を出したり話したりしているケースが多いからです。

●キレやすい子どもに育ててしまう親の言葉

アンガーマネジメントプログラムでは、まず、子どもに対するNGワードを親や教員に学んでもらうことにしています。そのなかから、**基本中の基本といえる3つのNGワード**をお伝えします。

【子どもに対する3つのNGワード】

(1) 事実を確認する前に決めつける言葉

例：「あなた、○○したんだって?」「話、聞いてないでしょ」

(2) 気持ちの代わりに「なんで?」を使う言葉

例：「なんでここを汚すの?」「どうしてそういうことをいうわけ?」

(3) ものごとを否定的に伝える言葉

例：「ルール違反!」「規則を守れないなら、もう来ないで」

（1）の例を他に挙げてみましょう。たとえば、子どもの部屋を見たときにテレビゲームの電源が入っていたとします。つい、「またゲームしてるの？」といってしまうのが一般的ではないでしょうか。でも、もしかしたら子どもは、そろそろゲームをやめて勉強をしようと思っていたところかもしれません。すると子どもは、「いま、勉強しようと思っていたのに……」「だったらもう勉強はやめた！」と思ってしまう。

決めつけられることを子どもはとても嫌がります。そうではなく、**「WHAT」を使って話をしましょう。**この場合なら、親からすればたとえゲームをしているところに見えても、「なにしてるの？」と聞くのです。そうすれば、子どもは「いまから勉強するところ」と、安定した状態を保つことができます。

（2）の場合は疑問形になっていますが、親の本当の気持ちを考えるとどうでしょうか？　多くは理由を知りたいわけではないはずです。ならば、**本当の気持ちを伝えてあげればいい。**「どうしてそういうことをいうわけ？」では子どもはますます反抗してしまいますが、「そういうことをいわれると、お母さん悲しいな」といわれれば、子どもも素直に「ごめんね」と受け入れてくれます。

（3）は比較的わかりやすいかもしれませんね。否定される言葉をかけられれば誰しも気持ちいいものではありません。なかでも、「マイナスとマイナスの組み合わせ」の言葉はとくに注意が必要。たとえば、どこかに出かけなければならないのに、子どもがぐずっていたとします。「来ないんだったらもう知らないわよ」なんて怒鳴られれば、そんなに怒っている親がいる場所に子どもが行きたいと思うわけがないですよね。

そこで、その言葉を**「プラスとプラスの組み合わせ」に変えてあげればいい**のです。この場合なら、「いま来たら、乗りたい電車に間に合うよ！」という感じですね。

きちんと自分の感情をコントロールできる子どもに育てたいという願望は親であれば誰にでもあるものです。日頃からこれら3つのNGワードを使っていないか、ぜひチェックしてみてください。

キレにくい子どもに育てるための声かけ

✕ 事実を確認せずに決めつける

友だちと喧嘩
したんだって？

話、聞いて
ないでしょ

↓

○ WHATを使って話す

友だちと
なにかあったの？

いま、なにを
考えているの？

✕ 気持ちの代わりに「なんで」を使う

なんでそんな
こというの？

なんで片づけ
できないの！

↓

○ 素直に気持ちを伝える

そういわれると
悲しいな

きれいになったら
気持ちいいよね

✕ ものごとを否定的に伝える

来ないなら
もう知らないよ！

↓

○ プラスとプラスの組み合わせで伝える

いま来たら乗りたい電車に
間に合うよ！

Point

- 子どもに対して肯定的で具体的な声かけを心がけよう
- 家族間できちんと対話し、コミュニケーションを取ろう
- 親である自分と、子どもの気持ちや欲求をわけてとらえよう

Chapter 2

社会生活を円滑に営む、“生きるための総合力”
ソーシャルスキル
を身につける

The ultimate child-rearing

06

「不安ありき」で子育てしていませんか？

子どもの「ソーシャルスキル」を伸ばす家庭教育法

渡辺弥生（法政大学文学部教授）

●「バイバイ」のハンドサインもソーシャルスキル

「ソーシャルスキル」という言葉をご存じでしょうか？　直訳すると「社会的な技能」となりますから、なんとなく意味が想像できるかもしれません。きちんと社会生活を営むために欠かせない力なのですが、いま、子どもたちのソーシャルスキルが不足している、あるいは未熟なままなのではないか……と危惧《きぐ》しています。

ソーシャルスキルとはけっして特別な技能ではなく、**みなさんが日常的に使っているしぐさや行動**なのです。たとえば、手の振り方次第で相手に「こっちに来て」とも

「バイバイ」とも伝えられますよね？　このように、**社会生活をうまく営むために「こういう場合はこういう振る舞いをする」というフォーム**（モジュール：人間の行動のうえで、まとまった社会的機能を有する単位）のようなものです。

「うまく営む」というと、「要領良く生きていく」ためのスキルだと勘違いする人もいるでしょう。でも、そういうものではなくて、ある社会に暮らすために誰もに求められているものなのです。電車に乗るときのマナーをイメージしてもらえるとわかりやすいかもしれません。電車でのマナーは、社会生活をスムーズに営むためのものであって、要領良く生きるためのものではないですよね。

それらは、かつては親やおじいちゃん、おばあちゃん、近所の大人たちが子どもたちに教えてきたものです。でも、地域との接点が薄れ、核家族化が進んだいまはそれが難しくなってきています。極端にいえば、家庭教育を担うのは親だけという状況。その**親が教えることができなければ、子どもはソーシャルスキルを学ぶことができない**のです。

●遊びが多くのソーシャルスキルをもたらす

また、子どもがソーシャルスキルを身につけることが難しくなってきている原因としては、子どもたちが自由に遊べる時間が激減しているということも挙げられます。いまの時代の親は本当に教育熱心です。子どものためを思って塾はもちろんさまざまな習い事に子どもを通わせますから、子どもが自由に友だちと遊べる時間はどんどん減っています。

でも、**本来、子どもは遊びからさまざまなソーシャルスキルを学ぶ**のです。たとえば、近所の子どもたちと遊ぶうち、年上のお兄さんやお姉さんに優しくされれば、「思いやる力」を学べます。そうして学んだスキルを、今度は年下の子どもたちを相手に発揮することもあるでしょう。

また、山の急勾配《きゅうこうばい》を登るような遊びなら、何度転げ落ちても粘り強く挑戦を続けるうちに、子どもは「あきらめない力」を身につけます。逆に、遊びのなかで「あきらめる力」を身につけることもあります。たとえば、本当はもっと遊んでいたいのに、日が暮れてしまって遊ぶことを「あきらめた」という経験はみなさんにもあるでしょう？　これも立派なソーシャルスキルです。

「あきらめる力」は「粘り強さ」の対極にあるものではありません。ときと場合によっては、どこかで妥協することも必要なのです。それができなければ、次のステップに進んで頑張るということもできないでしょうからね。そういった「決断」が「**あきらめる」ということ**なのです。

●ソーシャルスキルの不足が招く悪影響

ソーシャルスキルは、いってみれば「生きるための総合力」です。それらが不足し**てしまうと、当然、子どもたちにはさまざまな影響が表れます。**その筆頭は、「人とうまくかかわれなくなる」ということ。

人間は社会生活を営む動物ですから、「ひとりで生きていける」なんて思っている人であっても、実際にはどこかで人とかかわって生きています。それなのに、人とうまくかかわることができなければ、まわりから「迷惑な人だ」と思われるなどして、幸せな人生を歩むことが困難になります。

それから、「うまくかかわれなくなる対象」には「自分」も含まれます。「ソーシャル」というからには他者とのかかわりをイメージすると思いますが、先に挙げた「あきらめない力」や「あきらめる力」がそうであるように、**ソーシャルスキルが欠乏すると、自分ともうまくかかわれなくなる**のです。

●「不安ありき」の家庭教育では子どもも不安になる

では、子どもにソーシャルスキルを身につけさせるために親はどうすればいいのでしょうか。わたしは、変に難しく考える必要はないと思っています。なによりも楽しく子育て、家庭教育をすることを心がけてほしいのです。

先に、ソーシャルスキルが不足すると人とうまくかかわれなくなるとお伝えしました。すると、「うちの子がそうなったらどうしよう」と思った人もいることでしょう。いまの親を見ていると、**多くの人が「不安ありき」の家庭教育をしている**ように思えてくるのです。自分の子どもが「不登校にならないか」「いじめに巻き込まれないか」といくつも不安があって、そうならないための家庭教育になっているのではないでしょうか。

それはすごく残念なこと。子どもは無限の可能性を秘めています。だとしたら、起きてもいない問題をイメージして不安を取り除くような発想ではなく、**子どものいいところをどんどん伸ばしてあげるためになにをすべきなのかという発想で、もっとポジティブに家庭教育をしてほしい**ですね。

親が毎日のように不安な顔をしていたら、子どもだって不安になります。でも、お父さんとお母さんが人生を楽しんで、いつもニコニコして「人生って面白いよ！」と伝えてくれたら、子どもはワクワクした気持ちで毎日を過ごせるにちがいありません。「情動感染」という言葉がありますが、気持ちは即時に影響し合うところがあるのです。

そうして、幼稚園でも小学校でも**友だちがどんどんできて、先生ともいい関係を築け、結果として必要なソーシャルスキルを自然に学んでいく**ように思うのです。

●必要なソーシャルスキルは年齢によって変わらない

親が変に不安ばかりを抱えるのではなく、ポジティブな発想で家庭教育をすれば、子どもは自然にソーシャルスキルを身につけていきます。親がいつもニコニコして「人生って面白いよ！」と伝えてくれたなら、子どもは自然とワクワクした気持ちで毎日を過ごし、友だちや先生といい関係を築くことができるからです。ですが、ソーシャルスキルを子どもに教えるために意識しておいてほしいこともあります。

まず、子どもの年齢によるちがいをお伝えします。そもそもソーシャルスキルは人間が社会生活をきちんと営むために必要なものですから、例外こそあれ、基本的には**年齢によって必要なスキルが変わることはありません。**たとえば、「人の話はきちんと聞く」ということが大切だということは、大人も子どもも変わりませんよね。

でも、年齢によって理解力にはちがいがありますから、それに合わせて教え方も工夫する必要があります。3歳、4歳くらいの幼児なら、「お口はチャックね」というふうに、まずは静かにするということを教えるべきでしょう。年齢が上がって中学生くらいになれば、「相手のほうに体を向けて、話の内容に注意しながら」といったように、内面的な部分も含めて教えるという具合です。

また、「上手に断る」スキルも年齢を問わずに必要とされるものでしょう。生きている限り、断らなければならない場面はたくさんありますからね。仕事をしている大人ならよくわかると思いますが、なんでも引き受けて結局できないと逆に迷惑をかけることになる。断るスキルも重要なソーシャルスキルのひとつです。

なにかを頼まれて断らなければならない場合、大人であれば、まずは「それはお困りでしょうけど……」など相手に共感する言葉をいって、理由と謝罪を添えて断り、できれば代案も出す。これが上手な断り方といえます。

でも、幼い子どもがこんな断り方をしたら逆に変ですし、友だちから浮いてしまうかもしれません。幼児であれば、「ダメ〜！」でもいいんです。あとは「どうしてダメなのかを教えてあげてね」と理由を添えることを教えるくらいで十分でしょう。

●親は子どもに見返りを求めてはいけない

しかし、そういった教え方にもガチガチにルールがあるわけではありません。「なんとなく」でいいのです。自分の子どもをしっかり見て、いまの子どもには『なんとなく』こんなことを教えてあげたらいいかな」という感覚で教えてあげてほしいのです。**教育熱心な親たちには、「なんとなく」や「ぼちぼち」「まあいいか」「このくらいで」みたいな感覚が必要**だとわたしは思っています。みなさん、教育に対して真面目過ぎるように感じるのです。

真面目であることは悪いことではありませんが、その真面目さが弊害を招くことだってあります。真面目な人は一生懸命に努力しますが、**人間というのは努力すればするほど相手にも期待してしまうもの**です。

たとえば子どものお弁当に手が込んだキャラ弁をつくったら、やっぱり子どもには「かわいかった！」「美味しかった！」「全部食べたよ！」といってもらいたくなりますよね？　でも、子どもからすれば、たとえ幼くてもその期待を感じますから、「『美味しかった』っていわないといけない」「全部食べないといけない」などと思って、のびのびと毎日を送れなくなるものです。

しかも、子どもがお弁当を残すなどして期待を裏切られると、親は「わたしのお弁当がダメだったのかな……」なんて無駄に落ち込んだり、不機嫌になったり、ときには理不尽に子どもを怒ったりもする。でも、**そもそも親は子どもに見返りを求めてはいけない**のです。

●親が身につけるべき「応答するスキル」

子どもに見返りを求めるということは、先に親がなにかをして子どもが応答するというかたちですよね？　でも、本来、子どもが発するたくさんの欲求に対して親が応答してやることが大切です。この**「応答するスキル」こそ、親に必要とされるもっとも重要なソーシャルスキル**です。赤ちゃんの泣き声に対して「なーに？」と応答することは、そのスキルを発揮するべき代表的な場面です。子どもの泣き声を聞いて、なにをしてほしいのか、その要求を親は感じ取ってあげなければなりません。

これはソーシャルスキルのなかでいちばんコアなものである、コミュニケーションスキルにも通じるものです。コミュニケーションが上手な人というと話し上手な人をイメージするかもしれません。でも、そうではなくて、「相手にきちんと注意を向けられる」人なのです。子どもを育てる親にはこの力が絶対に必要です。

犬を見た幼い子どもが「あ、ワンワン！」といったとします。親は子どもの言葉に応答して犬に注目しながら、「ほんとだ、ワンワンだね」と答えるでしょう。簡単にいえば、これがコミュニケーションです。自分や、自分が関心を向けている「コト」や「モノ」に、相手も関心を持って応じてくれることは、人がもっともうれしいことなのです。

コミュニケーションを通じて、子どもは自分が提供した話をちゃんと親が聞いてくれたことの喜びや、親とのつながりを感じます。そして、「自分はここにいていいんだ」と自分の存在価値を感じ取ることになるわけです。これは人間にとって重要な「自尊心」「自己肯定感」を育てることに他なりません。子どものソーシャルスキルを育ててあげたければ、まずは親がきちんと応答してあげること——。それが基本中の基本となります。

Point

- 子どもが自由に遊べる機会をつくってあげよう
- 親自身が人生を楽しみ、ポジティブに家庭教育をする
- 子どもに見返りを求めるのではなく、子どもの欲求に「応答」しよう

07

「先生にいいつけるよ」がダメな理由

自己主張できる子に育てるには、「気がね」をさせないこと

井戸ゆかり（東京都市大学人間科学部教授）

●これからの時代に求められる「自己主張する」力

日本人の特性のひとつとして、いいたいことをストレートにいわない、あるいはいえないということが挙げられます。これは、「他人に対して気を遣って、自分が本当にしたいことをしないでいる」ということで、いわゆる「気がねする」ことです。

「気がね」はわたしの研究テーマで、修士論文も博士論文もテーマは「気がね」でした。なぜかというと、わたし自身が気がねする子どもだったからです。自分でいうのも少

し変ですが、子どもの頃のわたしはいわゆる一般的に見た優等生。それだけに、まわりの期待を強く感じてしまったり、ちょっと失敗をするだけで周囲の大人に驚かれたりしました。そういう経験の積み重ねによって、わたしは周囲の評価を怖がる、気がねする人間になってしまったのです。

その後、海外で生活する機会があり、なぜ外国人はこんなにストレートにいいたいことを表現できるのかと感じたものです。一方で、この日本人の特性はあまりいいこととはとらえられない側面もありますが、「察する」ことが文化として根づいている日本社会で円滑にコミュニケーションを取るために必要だという一面もあると思います。

ただ、これからのグローバル社会を意識すれば、そうもいっていられないこともあります。外国人からすれば自分の意見をいわない日本人は「なにを考えているのかわからない」とも見られます。**外国人たちと協働していかなければならないこれからの時代には、気がねすることなく、相手や場面に応じて適切に自己主張をしていくコ**

ミュニケーション能力を身につけることが求められるはずです。

●気がねする子どもにしてしまう「4つのNGしつけ」

そもそもなぜ人は気がねするようになるのでしょうか？　わたしは自分の研究を通じて、その要因は次の「4つのNGしつけ」にあると見ています。

【子どもを気がねする人間にする4つのNGしつけ】

（1）他人の目を気にするしつけ
（2）他人と比較するしつけ
（3）頭ごなしに叱るしつけ
（4）禁止が多いしつけ

（1）は、多くの親がやりがちかもしれませんが、「お父さんに叱られるよ」「先生にいいつけるよ」といったものです。静かにしなくてはいけない場所で子どもが騒いでいたら「静かにしていてね」といえば済む話です。でも、「お父さんに叱られるよ」といった言い方をしてしまうと、子どもは他人の目を気にするようになるのです。

（2）は子どものきょうだいや友だちと比較するしつけです。「お兄ちゃんは1年生のときにはもっとしっかりしていたのに……」などといわれると、子どもはまわりの評価を気にするようになります。（3）と（4）はわかりやすいかもしれません。たとえば、やりたいことを全否定されたり禁止されたりすれば、子どもは自分の本心を親にも見せなくなってしまいます。

子どもを気がねする人間にしないためには、まずはこれら**「4つのNGしつけ」をしないように心がけること**。それから、**「待つ、任せる、見守る」という3つの姿勢を意識する**ことです。

子どもは子どもなりに自分で育っていく力を持っているものです。ですから、子どもがなにをするにも、まずは「待つ」。そして、「任せる」ことが大切です。とはいえ、

子どもが「気がね」する人になってしまう4つのNGしつけ

これからの時代、「気がね」することなくコミュニケーションを取れる力はますます重要になる。子どもが気がねする人になってしまうNG しつけに注意したい

①他人の目を気にする

「お父さんに叱られるよ」など他の人を理由にすると、人の目を気にするようになってしまう

②他人と比較する

きょうだいや友だちと比較していると、「まわりの評価」を気にするようになってしまう

③頭ごなしに叱る

意見や理由を聞かずに全否定すると、自分の本心を出せなくなってしまう

④禁止が多い

禁止事項ばかりだと、やりたいことやいいたいことの芽が枯れてしまう

放任では意味がありません。大怪我をするといった危険性がないか、あるいは子どもがSOSを発してサポートが必要になっていないかといったことを見落とさないため、「見守る」ことが大切になります。

●子どもの人生を決めるのは親ではない

また、**親の価値観を優先しないようにすることも重要**です。たとえば、子どもに「あの子とは遊んじゃいけません」というようなことをいってしまうことはありませんか？　子ども自身はその子と遊びたいと思っているのに、本当の気持ちを無理に抑え込んでいるかもしれません。

また、もう少し大きくなると、進路について親の価値観を優先してしまうということもありがちなケースです。子ども自身は小学校の同級生たちと一緒に公立中学に進みたいと思っていたのに、親が「子どもの将来のため」などといって私立中学に進学させた——。子どもも納得していれば良いのですが、そうでない場合、子どもは意欲をなくしたり、自分の気持ちを素直に話せなくなったりすることがあります。

子どもの人生は子どものものであって、親のものではありません。親の勝手な価値観で子どもの人生を決めるのではなく、子どもと話し合いながら子どもの人生を一緒に考えていくスタンスが必要なのです。

まずは、**日頃から子どもが親になんでも話せる雰囲気をつくる**よう心がけてみましょう。そうするためにも親子の対話が大事になりますが、かといってなんでもかんでも聞き出そうとすればいいというものではありません。

子どもも小学生くらいになれば、友だちと喧嘩するなど嫌な思いをすることもあります。しかし、家に帰った途端に親から「今日はなにをしたの？」「宿題はないの？」「学校からのお手紙は？」などと矢継ぎ早に聞かれれば、子どもも落ち着いて話をするどころではないと思うのです。

まずは帰ってきた子どもにほっとひと息つかせてあげて、それからゆっくり会話を重ねましょう。家庭を子どもにとってのオアシスにしてあげてください。

Point

- 「気がね」する子どもにしてしまう、否定ベースのしつけに注意
- 子どもの力を信じ、「待つ」「任せる」「見守る」を意識しよう
- 子どもの人生は子どものもの。親の価値観を優先しない

08

親以外の人との交流によって広がる子どもの視界

さまざまな人との触れ合いで「協働力」を伸ばす

鈴木みゆき（国立青少年教育振興機構理事長）

●親が一歩を踏み出し、面白がって「自然体験」をする

わたしが理事長を務める「国立青少年教育振興機構」の主な活動は、「教育的観点から青少年に体験活動の機会や場を提供する」というもの。とくに、川や海、森や山などでの直接体験を通じて子どもたちの生きる力を育む「自然体験」に力を入れています。**自然体験は、子どもの「感じる力」や「やり抜く力」「耐える力」などさまざまな力を伸ばしてくれるもの**なのです。

とはいえ、子どもが幼いうちに自然体験をさせてあげたいと思ったところで、そう簡単にできないと悩んでいる親御さんもいるでしょう。共働きの家庭が増えて、父親

も母親も仕事で忙しいというケースもあるでしょうし、子ども自身が自然になかなか興味を示さないということもあるかもしれません。

どんな場合であっても、**まずは親が「やってみよう！」と思う、そして実際にやってみることが大切。**わたしたちの調査でも、自然体験が少ない子どもはたいていその親も自然体験が少ないということがわかっています。

たとえば仕事で疲れたというときに、「きれいな海を見たい」とか「山の澄んだ空気を思い切り吸い込みたい」と思う

親の自然体験と子どもの自然体験の相関関係

保護者調査で「海や川で泳いだこと」が多いと答えた親の子どもほど、同じく「海や川で泳いだこと」の経験が多い

海や川で泳いだこと（子ども調査）

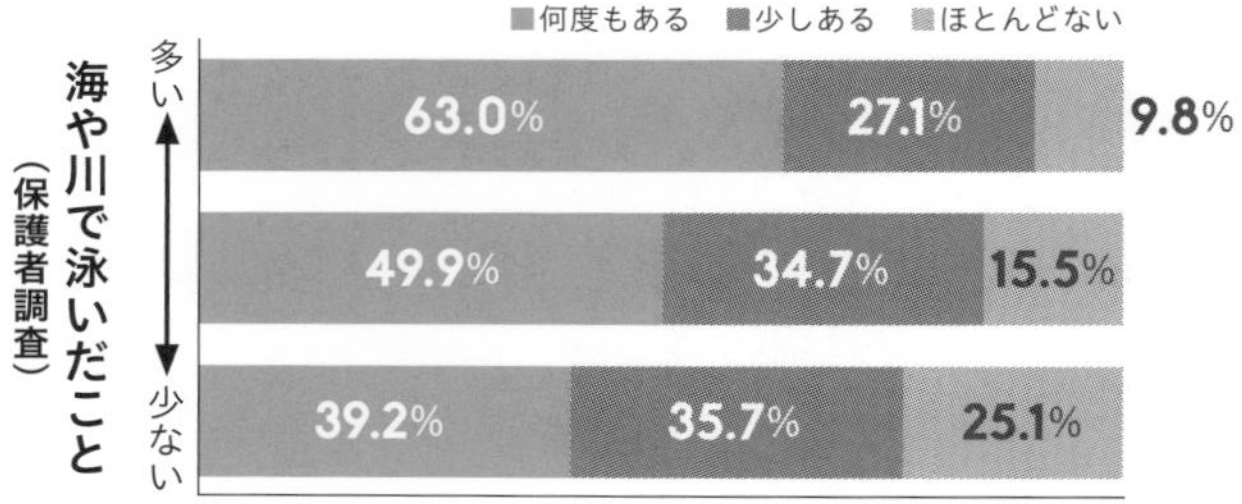

※国立青少年教育振興機構調べ

こともあるでしょう。そうであるのなら、なにはともあれその一歩を踏み出してみる。そうやって**親が面白がることは、子どもも必ず面白がるもの**ですよ。子どもに自然体験をさせたいからと、「行ってらっしゃい」と子どもを送り出すだけではダメなんです。まずは親子をセットで考えて、子どもと一緒に体験してあげてください。

自然にあまり興味を示さない子どもでも、親の前で自然のなかに身を置けばすぐに走り回りはじめるものです。そして、だいたい転ぶ……（笑）。足元がよくない自然のなかでは、最初はうまく走れなくて当然ですよね。でも、ほんの数日もすれば、山のでこぼこ道でも海の岩場でも、とっても上手に走り回ることができるようになります。それこそ体験によって身につく力じゃないですか。

●他者との体験の共有により「協働力」を身につける

そして、できれば**家族以外の人と一緒に体験することをおすすめします**。なぜなら、他者と協力して働くことができる「協働力」が身につくからです。協働力は、グローバル化が進むいま、子どもたちにとってすごく大切な力のひとつ。子どもたちの協働力を伸ばすためにわたしたちが行っているイベントについて、簡単に紹介しましょう。

まずは、2002年にはじまった『日中韓子ども童話交流』という活動。日本、中国、韓国の10歳から12歳の子どもたち合計100人をミックスして10のグループにわけ、それぞれが絵本をつくるというものです。これが見ていて面白いんですよ！　最初は言葉も通じませんし、互いに牽制《けんせい》し合ったりもする。でも、最後は多くの子どもたちが別れを惜しんで泣いてしまうほどです。身振り手振りで懸命に自分のイメージを伝え、**「協働」して1冊の絵本を一緒につくり上げるうち、心の交流がしっかり生まれたという証**なのでしょう。

そして、一般の親子が参加できる『ファミリーキャンプ』というものも数多く実施しています。これは、青少年自然の家など全国に散らばるわたしたちの施設でお互いに知らない親子同士がキャンプをするというもの。自然体験を通して親子の絆を深めることが大きな目的なのですが、子どもを寝かせたあとに親だけでくつろぐうち、親同士が仲良くなっていく。すると、親たちのコミュニケーションが子どもにも伝染するんですよね。そうして、**子どもは家族以外の人間とのコミュニケーション力や協働力を身につける**というわけです。

そういう点においては、**住んでいる地域での交流も子どもたちにとっては大切**ですよ。子どもを愛することは親の重要な役割です。親の愛を感じることで、子どもたちは自分に自信を持ち、人生を力強く歩むための自己肯定感を高めていきます。ただ、親の愛は大事ですが、子どもを愛するのは親だけじゃなくていいのです。親に代わる人がいるということがとても大事になる。それこそ、むかしの雷おやじみたいなおじさんや、逆にすごく慈愛に満ちたご近所のおばあちゃんのような存在が子どもには必要なのです。

親以外の大人との交流で、まず、子どもは「礼儀」を身につけます。親への甘え方とはちがう態度で接したり、あるいは親が相手なら反発するようなことも素直に聞き入れたりと、子どもなりに「公私」の感覚を持つのです。また、子どもの頃、「大人の話に子どもが口を挟むな！」なんて周囲の大人にいわれた経験がある人もいるでしょう。これは、「場を知る」「場をわきまえる」ということにつながるものです。

そして、地域での交流ということでいえば、「斜めの関係」も大切なものだと思います。それはなにかといえば、子どもよりちょっと年上のお兄さんやお姉さんとの関係のことです。疲れたときにお兄さんがランドセルを持ってくれた、水切りの石を上手に投げるコツを教えてくれた――。そういう**周囲の大人、お兄さんやお姉さんとの交流が、大人へと向かう子どもの視界を広げてくれる**のです。

いま、少し年上のお兄さんやお姉さんならともかく、周囲の大人にとっては子どもとのそうしたかかわり方は難しくなってきています。かつてと比べて、親たちは、子どもと他人とのかかわりに敏感で警戒心がすごく強い。親が子どもを守ろうとするのは当然のことですし、危険な人間が本当にいる可能性もありますから、そういう風潮を過保護だと安易に非難することはできません。とはいえ、**子どもと地域の大人との交流が希薄になり過ぎないようにする必要もある**のではないかと感じています。

Point

- 親自身が、自然に対して興味を持って面白がってみよう
- 子どもよりちょっと年上のお兄さんやお姉さんとの「斜めの関係」を大切に
- 子どもが親以外の人とかかわる機会をつくってあげよう

Chapter 3

IQテストでは測れない、能動的な心のありよう
非認知能力
を高める

The ultimate child-rearing

09

子どもの「人生を決める」非認知能力の伸ばし方

自分の頭で考えられる子になるために大切なこと

増田修治
（白梅学園大学子ども学部教授）

●非認知能力とは、能動的な心情を自分のなかでつくり出せる力

学力のように、テストで測ることができる力を「認知能力」、テストで測ることのできない力を「非認知能力」と呼びます。この非認知能力は、これからの社会を生きていくためにとても重要な能力だといわれています。とはいえ、明確にイメージしにくいという人も多いでしょう。非認知能力がどういうものかを知ってもらうため、まずは次のクイズに挑戦してみてください。

Q：次の野菜や果物は水に浮くか、沈むか

1 ピーマン
2 キュウリ
3 ナス
4 バナナ
5 リンゴ
6 ニンジン
7 ジャガイモ

これは、わたしが4歳の子どもたちに出したクイズです。実際に水槽を用意して順番に答えを確かめながら進めました。ピーマンは水に浮きますよね。4歳児も多くが正解しました。ところが、次のキュウリは子どもたちの答えがけっこうわかれました。正解は次のナスも含めて浮きます。大人であれば、料理中にこれらを洗うときに水に浮かぶ様子を見たことがある人も多いでしょう。それでは次のバナナとリンゴは？

このふたつも浮くんですね。

では、子どもたちはニンジンについてはどう答えたでしょうか。それは「浮く」でした。なぜそう思うのかと聞いたら「これまでの全部が浮くから」と。**子どもたちはちゃんと考えている**んです。これまでの正解を聞いて、「野菜や果物は水に浮く」と考えたわけです。でも、答えは「沈む」なんですよね（笑）。

それでは、最後のジャガイモはどうでしょう？　答えは「沈む」です。「野菜や果物は水に浮く」という仮説は正しくありませんでした。でも、別の仮説が浮かんできませんか？　そう、基本的に地下で育つものは水に沈んで、地上で育つものは浮くというわけです。そして、このクイズのあと、子どもたちは家に帰ってお風呂にいろいろな野菜や果物を浮かべてみたのです。

これが、簡単にいえば非認知能力です。このクイズで、なにが浮く浮かないといった知識を教えようとしたわけではありません。**子どもたちはクイズを通じて、自分の**

浮き沈みクイズで学ぶ！「非認知能力」とはなにか

Q 次の野菜や果物は、水に浮く？沈む？

ピーマン　キュウリ　ナス　バナナ
リンゴ　ニンジン　ジャガイモ

子どもの予想

ピーマンは浮くよね。
キュウリはどっちだろう？

試してみると

ピーマンは浮く！
キュウリ、ナスも浮く！

子どもの予想

野菜は浮いて、果物は
沈むのかな。じゃあ、
バナナとリンゴは沈む？

試してみると

バナナも、リンゴも
浮く！

子どもの予想

これまで全部浮いている
から、ニンジンも浮かぶ！

試してみると

ニンジンは……沈む！
そして、ジャガイモも
沈む

子どもの予想

地下で育つものは沈んで、
地上で育つものは浮かぶの
かも！
他にも試してみよう！

なにが浮く・浮かないという知識や答えを得ることではなく、クイズを自分の頭で考え、面白いと感じ、能動的に調べようとする姿勢が重要。この心情をつくり出す力を「**非認知能力**」と呼ぶ

頭でうんと考えたのです。そして、「面白い」だとか「やってみよう」「調べてみよう」という気持ちになりました。こういう能動的な心情を、自分のなかでつくり出せる力——それが非認知能力なのです。

●AIの発達が進むこれからに求められる非認知能力

いま、この非認知能力が「子どもたちの人生を決める」ともいわれています。というのも、時代が大きな曲がり角に来ているからです。これからは人工知能、いわゆるAIが社会を大きく変えていきます。そして、そのAIをどういう方向で使っていくかを考えられる人間が必要とされる。

AIの時代になるからこそ、これまでとちがった角度からものを見ることができる、あるいは新しいものや発想を生み出せる力が求められるのです。それこそ、テストでは測ることができない、非認知能力そのものでしょう。

また、オックスフォード大学の研究によると、「AIの発達によって、アメリカに

おいて今後10～20年で現在の約47％の仕事が自動化する」との試算が出ています。たとえばですが、バーテンダーの仕事は77％の確率でなくなるとか。他にもスポーツの審判員やレジ係、データ入力係、集金人などもなくなる仕事だとされています。これは遠い未来の話ではありません。現在進行形ではじまっているものです。

いま、「スマートガスメーター」の導入が全国で進んでいることをご存じですか？これは、ガスの使用量を無線通信回線で把握するというメーター。つまり、これまで検針員がやっていた仕事がなくなるということです。

なくならない仕事は、教師や保育士など人間相手の仕事、それからデザイナーといった創造性が必要な仕事などに限られてきます。単純な仕事は基本的にどんどんなくなるので、これからは自ら仕事を生み出すような人間になっていかないとならない。それがいいかどうかはともかく、そうならざるを得ないのです。

それこそ、**他人とどう接するか、どういう新しい発想を持って創造性を発揮するか**といったことは、なかなか点数にできるものではありません。それらはまさに、非認知能力だということです。

●重要性を増す、幼少期における非認知能力を伸ばす教育

ここで、4歳の子どもを対象に行われた「マシュマロ・テスト」と呼ばれる実験をご紹介しましょう。その内容は、子どもにマシュマロをひとつわたして「食べずに15分待てばもうひとつマシュマロをあげるよ」と告げるというもの。すると、2個目をもらえるまで我慢できる子どもと、我慢できずに食べてしまう子どもにわかれました。

この実験でわかるのは、「自制心」が育っているかどうかということ。自制心も重要な非認知能力です。

そして、実験はこれで終わりではありません。その後の追跡調査により、2個目をもらえるまで我慢できる自制心があった子どもは、少年期には学力が高くて誘惑に強い、青年期には教育水準が高くて肥満率が低い傾向にあることがわかりました。一方、我慢できずに1個目のマシュマロを食べてしまった子どもは、対照的に学力が低い、肥満率が高いといった結果が出たのです。

これは、**4歳時点における自制心という非認知能力の有無が、その後の人生を大きく変えた**ということに他なりません。まだ幼い4歳でのちがいとなると、「非認知能力の優劣は遺伝的に決まっているのか」という疑問を持った人もいるでしょう。でも、そうではありません。**「幼少期における教育」の重要性が高い**ということです。

そして、今後は非認知能力を伸ばすための教育がより重要となるとわたしは考えています。このマシュマロ・テストで**2個目をもらえるまで我慢できた子どもというのは、「先を見通して考える」こ**

マシュマロ・テストの追跡調査結果

	自制心の高い子ども	自制心の低い子ども
幼少期	マシュマロを２個もらえるまで待てる	待てずにマシュマロを１個食べてしまう
少年期	・学力が高い ・誘惑に強い　など	・学力が低い ・気が散りやすい　など
青年期	・教育水準が高い ・肥満率が低い　など	・教育水準が低い ・肥満率が高い　など

とができたということ。言い換えれば、ものと時間などの「つながり」が見えているということです。

ところが、いまはそういった「つながり」がどんどん見えなくなっている、あらゆるものが「ブラックボックス化」している時代なのです。

たとえば、自動車もそう。むかしの自動車はいまのものより構造がはるかに単純で、整備士にはなにがどうなって自動車が動くということがすべて見えていました。でも、数多くの複雑な電子部品が使われているいまの自動車だとそうはいきません。整備士にも理解できていない部分が多く、調子が悪い部分を基盤ごと取り替えるということになってしまいます。

こういうことがあらゆるものにおいて起きているため、「つながり」というものが見えにくくなっているのです。

読者のなかに、子どもの頃に時計やいろいろなものを分解してもとに戻すのが好きだったという人はいませんか？　わたしがそうで、たいてい部品が余っちゃって捨てることになっていましたけどね……（笑）。ただ、それは子どもにとって大切なことなのです。非認知能力なんてものが知られていなかったむかしは、そういうふうに自然に「つながり」を知って非認知能力を伸ばす環境にありました。ところがいまはそうではない。だからこそ、**意図的に非認知能力を伸ばすよう働きかけをしていく必要があるのです。**

●日本の教育が抱える「見えない貧困」問題

いま、日本の教育は「貧困」という大きな問題に直面しています。「世帯収入が高いほどその家庭の子どもの学力も高い」という調査結果は、ニュースなどを通して耳にしたことがある人も多いことでしょう。

貧困にはふたつの種類があります。ひとつは「絶対的貧困」で、もうひとつが「相対的貧困」。絶対的貧困にあたるのは世帯年収が約60～70万円を下回る世帯。月収が5万円以下で、食べものや着るものにも困るほどです。一方の相対的貧困は、世帯年収が120万円ほどの世帯。この相対的貧困は「見えない貧困」ともいわれていて、わたしは大きな問題だととらえています。この世帯の子どもは、食べものは食べているし着るものに困るほどではない。つまり、見た目は普通なのです。でも、その世帯の子どもたちは、さまざまな機会を奪われているのです。

どんな機会かといえば、サッカーをしたくてもサッカーシューズは買ってもらえないし、バレエを習いたくても月謝を払ってもらえない。当然、学習塾に行くこともできません。この**相対的貧困にあたる世帯の割合が、いまの日本ではどんどん増加している**とされています。

「子ども食堂」というものを聞いたことはありますよね。貧困世帯の子どもたちを集めて食事を与え、同時に勉強も見てあげるという社会活動です。そこに来る子どもたちは、やはり学力が低い傾向にあります。

貧困世帯の子どもは、先にお伝えしたように学習塾には通えません。となると、自分で勉強しなければならない。でも、学習教材など自分で勉強できる環境が整っているわけでもありません。となると、その子どもにとって勉強できる唯一の場所は、学校です。

ところが、**子ども食堂に来る子どもたちのなんと約8割が学級崩壊を経験している**というではありませんか。学級崩壊したクラスでは、まともに授業を受けることができません。そういう子どもたちは、勉強する機会を完全に奪われているのです。逆に、学級崩壊によって勉強する場所がないから、子ども食堂に通っているともいえます。

●非認知能力の育成に欠かせない、子どもの声に耳を傾ける姿勢

では、貧困世帯に育つと学力を伸ばすことができないのかというと、そうではありません。**貧困世帯の子どもにも、貧困ではない世帯の子どもと遜色ない学力を持つ子どもたちがいます。**彼らの共通点はなにかというと、「非認知能力が高い」ことです。

非認知能力には、「朝ごはんを毎日食べる」といった生活習慣、「毎日の勉強時間の

目安を決めている」といった学習習慣、あるいは、つらいことや困ったことがあったときに学校の先生に相談できるなどのコミュニケーション能力といったものも含まれます。これらは、一般的には貧困ではない世帯の子どものほうがしっかりと身につけている傾向にあるのですが、**貧困世帯に育ちながら学力が高い子どもも、こういった基本的な習慣、非認知能力を身につけている**のです。

これがなにを表しているかというと、「非認知能力が認知能力を発達させる」ということです。2000年にノーベル経済学賞を受賞した経済学者、ジェームズ・ヘックマンらは、40年にわたる長期追跡調査の分析により、**「非認知能力がその後の認知能力の発達を促し、その逆は確認できない」**と結論づけました。非認知能力が高い子どもはテストの点数も上がるが、テストの点数がいいからといってその子どもの非認知能力が伸びるわけではないのです。

となると、今後の乳幼児教育や小学校教育は大きく変わっていく必要があります。**いつまでも、テストで高得点を取ることだけが素晴らしいと評価する教育ではダメ**なのです。もちろん、これは学校などの教育現場だけの問題ではありません。家庭教育も、**「非認知能力を伸ばす」ことを意識して行うべき**でしょう。

とはいえ、身構えるような必要はありません。**大事なのは、「子どもの話をきちんと聞く」こと**です。教育に熱心な親ほど、子どものいうことに耳を貸さず、「これが子どものためになるんだ」と勉強や習い事を押しつける傾向にあります。それでは、まったくの逆効果。まずは、**「なにかやりたいことある？」と子どもに聞いて一緒に考えること**。そのなかで、互いに折り合いをつけていくべきでしょう。

宿題ひとつ取っても、「○時になったから宿題をやりなさい」ではダメ。「何時になったら宿題に取りかかれる？」と子どもに聞いてください。そうして決めた時間は、親が決めたものではありませんよね？　これはつまり、子どもに選択権をわたしているということです。そうすれば、親からすれば「あなたが決めたことでしょう？」といえるし、子どもからすれば「自分で決めたのだからやらなくちゃ」と、自発性や意欲、責任感を養うことにもなります。

多くの親は、その過程を省いてしまっているように感じます。そうではなくて、**親と子どもそれぞれが納得する「一致点」をつくるコミュニケーション**をたくさん取ってください。そういったことが、子どもの非認知能力を育んでいくのですから。

Point

- ✔ **AI時代には、非認知能力の高さが人生を決める**
- ✔ **現代では、意識的に非認知能力を高めるための働きかけが必要**
- ✔ **子どもの話を聞き、一緒に考え、お互いが納得できるポイントを探そう**

10

「非認知能力」と「認知能力」は車の両輪

子どもが「目をキラキラさせる世界」があればＯＫ！

大豆生田啓友（玉川大学教育学部教授）

●非認知能力だけでなく認知能力も重要

非認知能力が注目されるようになった大きなきっかけは、アメリカの経済学者であるジェームズ・ヘックマンらが行った子どもたちの追跡調査でした。その追跡調査の結果、幼児期に質の高い教育を受けた子どもとそうではない子どもでは、大人になってからの経済力などに大きな差が生まれたことがわかりました。そして、**大人になって経済力や社会的地位が高くなった人は、幼児期に非認知能力を高めるような教育を受けていた。**

ただ、誤解してはならないのは、「非認知能力が重要」だからといって「認知能力が重要ではない」というわけではないこと。子どもが自分の夢を叶えるため、あるいは将来の選択肢を増やすために、学力などの認知能力を高めるのは重要なことです。非認知能力も認知能力も、どちらも大切な力ですから、しっかり伸ばしてあげるべきでしょう。

●時代の変化によって、非認知能力を獲得する機会が激減

非認知能力が注目を集めることとなった背景には、先のヘックマンの研究の他に、時代の変化が挙げられます。**本来、非認知能力とはなにか特別なものなどではなく、むかしであれば子どもの普段の遊びやあたりまえの子育てのなかで勝手に育っていたものです。**

かつての子どもたちは、豊かな自然のなかで元気にたくさん遊び、異年齢の子どもたち、あるいは異世代の大人とも触れ合う機会が数多くあり、多様で具体的な体験を

通した経験を積み重ねていました。すると、遊びのなかでうまくいかないことがあっても、熱中して続けるうちにうまくいくといった経験を通じて、困難を乗り越えるために必要な意志力や忍耐力、やり抜く力を獲得することができた。また、他人とかかわるなかで人間関係の問題にぶつかったら、なんとか折り合いをつけるようなコミュニケーション能力や思いやり、自己制御といった力を得ることもできました。そのようにして、非認知能力を自然に獲得していたわけです。ですから、これまでは非認知能力が特段にフォーカスされることがなかっただけのことです。

でも、むかしとは時代が大きく変化していますよね？　まず、習い事などに忙しいいまの子どもは、単純に遊ぶ時間自体が減っています。そのため、**遊びを通じて非認知能力を得る機会が激減している。**また、いまの親は子どもになるべく喧嘩をさせないようにしています。本来なら、子ども同士でおもちゃを取り合うようないざこざは、社会性を身につける絶好の機会です。いざこざのなかで、子どもは自分の気持ちを相手にぶつけてその反応を見たり、相手に譲ったりといった経験を通じて成長していくのですからね。

ところが、いまは親のクレームを恐れ、幼稚園や保育所でも子どもの喧嘩をなるべく未然に防ぐようにしてしまっている。これでは、なかなか子どもの社会性は育ちません。

●重要となる、子どもの興味関心に親が付き合う姿勢

わたしは、2019年に妻との共著で『非認知能力を育てるあそびのレシピ 0歳～5歳児のあと伸びする力を高める』（講談社）という本を出版しました。じつはこの本は、**「こういう時代であっても、多くの親たちが何気なくやっていることが大事」**というメッセージを込めたものでもあるのです。

先にお伝えしたように、非認知能力は特別なものではありません。非認知能力というたいそうな名前がついているがために、特別なことをしなければ育たないと考える人もいるかもしれませんが、そうではないのです。

では、なにをすればいいのか？　それは、**大人からしっかりと受け止められる経験**

を子どもにさせること、そして、子どもの興味関心を大人が大切にするということです。非認知能力の多くは、「主体性」にかかわるものです。人間は、好きなことに対してであれば、主体的に取り組むことができます。みなさんも、大好きなアーティストのコンサートチケットを手に入れるためなら、多少の困難があっても手に入れようと頑張るでしょう？　それは、見方を変えれば、困難を乗り越える力を発揮しているともいえます。

子どもだって同様です。親子で散歩に出かけたときに、子どもが落ち葉のことが気になって拾いはじめたら、一緒に拾ってあげればいい。家のなかで何度もソファに昇り降りする遊びを面白がっているのなら、「ソファがへたっちゃうでしょ！」なんて叱らずに遊ばせてあげればいい。そういう親の姿勢が、子どもの非認知能力を育てていくのです。

また、**子どもの興味関心は、子どもに非認知能力が育っているかどうかのひとつの目安にもなります。**非認知能力はそもそも測ることが難しい力ですから、本来、「これができていれば非認知能力が育っている」といった明確な基準はありません。ただ、非認知能力の多くは、先に述べたように興味関心、主体性から生まれてくるもの。ですから、**子どもが目を輝かせて強い興味を示すような世界を持っているようなら、ひとまずは安心していいでしょう。**

●「自然物」とは、子どもにとって最高のおもちゃ

子どもたちは、自分の興味関心に従い遊ぶなかでたくさんの非認知能力を獲得していきます。ですから、**子どもの非認知能力を伸ばしてあげるためには、子どもの興味関心を大事にしてあげることがもっとも重要**です。

しかも、幼い子どものすごいところは、自分の世界をどんどん広げる力を持っていることでしょう。なにか特別なものを与えなくても、身のまわりにあるものを使ってどんどん遊んでいくことができる。

身のまわりのもののなかでも、**子どもにとっての最高のおもちゃは「自然物」**です。

自然物は、人の想像力や創造力を膨らませてくれる力を持っています。周囲にあるテクノロジーの産物《さんぶつ》も、もともとは自然物がモデルということが少なくありません。飛行機だって虫や鳥などの動物にヒントを得て生まれたものでしょう？　それだけ、自然物は人の想像力や創造力、興味関心をかき立ててくれるものなのです。

そういった背景から、ひとつアドバイスを送りたいと思います。**子どもと外に出かけるときには、ぜひ、ビニール袋を持参してみてはいかがでしょう。**というのは、人の興味関心をかき立てる自然物は当然ながら子どもの心も強くとらえるものであり、子どもはいろいろな自然物を集めたがるからです。

秋や冬なら落ち葉を拾いはじめるでしょうし、桜の季節なら桜の花びら、虫が元気な季節なら虫を集めるかもしれない。また、時期によっては花びらを使って色水をつくるなんて遊びもできます。**ビニール袋がひとつあるだけで、子どもはずっと夢中になって遊ぶことができる**のです。大人からすれば、落ち葉はゴミになるし、虫は苦手という人もいるでしょう。よくわかります。でも、子どもが小さい時代、それにつき合ってみると、意外といとおしく見えてくることもありますよ。

●空き箱や廃材があれば家のなかでも自由に遊べる

しかしながら、都市化が進んでいる地域に住んでいる人の場合だと、子どもと外で遊ぶ機会自体があまりないという人もいるでしょう。そういう人は、**週末や長期休暇を使って自然のなかに遊びに出かける**ことを考えてみてください。親子それぞれにとって、とても豊かな時間になるはずです。

そして、なかなか日常的に自然に触れられない場合でも、なるべく普段の生活のなかで子どもが夢中になって遊べるようにしてあげたいものです。そういうときは、**空き箱や廃材などを家のなかに置いてあげてください。**落ち葉の例ではありませんが、それらは親にとってはゴミかもしれません。でも、子どもにとっては魅力的なおもちゃなのです。

子どもは、想像力と創造力をフル回転させた自由な発想で、空き箱や廃材をさまざまなものに変身させていきます。そうしてできあがったものは、子どもの想像力と創造力の産物です。**遊び方が決まっている既製品のおもちゃだけで遊ぶのか、それとも空き箱や廃材などで自由に遊ぶのか。そのちがいは、子どもの経験にも大きなちがいを生み出します。**

「空き箱や廃材で家のなかを汚されたくない……」というなら、リビングなどの部屋の一角を子どもが自由に遊べるコーナーにしてあげてみてはいかがでしょうか。

●いたずらのような遊びからも子どもは学んでいる

空き箱や廃材を使った遊びにも通じることですが、親からすれば迷惑に感じたりいたずらにしか思えなかったりする遊びからも、子どもはさまざまなことを学んでいるケースがあります。

子どもは、ティッシュボックスからティッシュを全部出して、再び詰めるような行動をしますよね？　この行動を、専門用語では「探索活動」といいます。このとき、子どもは、**「こうしたらどうなるだろう」「ああしたらどうなるだろう」と試行錯誤をしている**のです。親からすればたしかに迷惑な行動なのですが……子どもがやりたがることに似たことを、迷惑にならないやり方で自由にやらせてあげることを考えたいものです。

ティッシュペーパーを次々に取り出す遊びが迷惑なら、「新聞紙を使うのだったら、自由に遊んでいいよ」と伝えてあげる。洗面所の水道の蛇口を思い切りひねって延々と水を出されることが迷惑なら、庭やベランダで思い切り水遊びさせるという具合です。

こうした**探索活動は、意欲や探求心などの非認知的な力だけでなく、認知的な力を伸ばすことにもつながります**。「認知能力」とは、読み書きや計算のように、テストなどで測ることができる、いわば目に見える力のこと。子どもがペットボトルなどに水を入れたり出したりする遊びを繰り返していたら、見方によっては数量の経験をしているととらえることもできる。あるいは、虫を夢中になって集めている子どもが、ある日「昆虫図鑑を買ってほしい」といってきたとします。それはイコール、科学に興味を持ったことに他なりません。**非認知能力を伸ばすことを重視すれば、結果的に認知能力を伸ばすことにもつながる**——そう意識してほしいのです。

Point

- **非認知能力、認知能力の両方が大切。非認知能力が伸びると認知能力も伸びる**
- **子どもの興味関心を大人がしっかりと受け止め、大切にしてあげよう**
- **子どもの想像力と創造力をフル回転させられる遊びをさせてあげよう**

11

「非認知能力」を高めるのに大切な「課外時間」の過ごし方

学童でのさまざまな経験が、子どもに「学び」を授ける

野上美希（一般社団法人キッズコンサルタント協会代表理事）

●学校で過ごす時間以上に長い、放課後と長期休みをどう過ごす？

共働き世帯なら、子どもをいわゆる「学童」に通わせている家庭も多いでしょう。そんな学童について、ただ子どもを預かってもらうサービスのようにとらえている人もいるかもしれません。あるいは、親子で一緒に過ごす時間を取れないことに、罪悪感を覚えている人もいるでしょうか。しかし、**子どもの成長にとって、学童で過ごす時間はとても有意義なもの**だと思ってほしいのです。

一般的に、子どもが小学校で過ごす時間は年間1200時間くらい。一方で、子ど

もが主に「学童」で過ごす放課後と長期休みを合わせた時間は約１６００時間です。そう考えると、この１６００時間をどのように過ごすかは、子どもの成長にとって非常に重要だといえます。

しかも、**小学生の時期は、自分の強みを発揮する力や自発性、主体性など、いわゆる「非認知能力」に磨きをかける時期**でもある。しかし、小学校でやっている勉強がどういうものかといえば、知識を得て、教えられたことをテストで再現する認知能力を高めるというものですよね？　つまり、それこそ**放課後や長期休みをどのように過ごして非認知能力を高めるかがとても大切**だといえるのです。

●視野が狭い子どもだからこそ、さまざまな経験が必要

学童とひとことでいっても、さまざまなタイプがあります。わたしたちが運営する学童では、「アフタースクール」という呼称を使っていますが、学童保育や放課後児童クラブと呼んでいる自治体もあるでしょうか。また、その内容もまちまちです。そ

のなかには、非認知能力を高めるためのさまざまなイベントを行っている民間の学童もあります。

では、参考までにわたしたちが運営するアフタースクールで、どのような活動をしているのかをご紹介しましょう。

たとえば、外国人講師の招へいがあります。その時間は英語だけを使って活動します。他にも、料理体験、科学実験、造形教室、プログラミング教室、茶道など、多岐にわたって子どもたちの非認知能力が高まるような体験活動を実施しています。

また、3、4年生くらいになると、子ども新聞をスクラップして、その記事に対して自分がどう感じたのかをみんなの前でプレゼンテーションしたり、友だち同士でディベートをしたりすることもあります。そのテーマは本当に身近なもの。たとえば、『ドラえもん』の主人公は、のび太君かドラえもんか」というものとか（笑）。そのテーマに対して、2チームにわかれて議論をするのです。

子どもは、大人に比べると視野が狭いものです。だからこそ、たくさんのさまざまな経験をする必要がある。ですから、ここで紹介したようなイベントは、なにか特別なときに行うものではなく、「今日は科学実験、明日は造形教室」というふうに、じつは毎日行っているものなのです。

とはいっても、そういったカリキュラムで子どもたちを縛りつけているわけではありません。子どもたちがアフタースクールで過ごす時間は、それらのイベント活動をする時間、学校の宿題をする時間、自由に過ごす時間の大きく3パターンにわけられます。

その自由時間には、元気にひたすら遊び回っている子どももいれば、テラスに椅子を持ち出して風を感じながら読書をしている子どももいます。そのように、**自分が快適に過ごせるようにそれぞれが工夫をしている**のです。

●学童の縦割り社会が子どもに与えるメリット

また、学童のメリットとしては、**「縦割り」の社会を経験できる**ことも大きいと考えています。時期によって組み合わせを変えていくのですが、いま、わたしたちのアフタースクールでは、1、2年生と5、6年生が一緒に活動するようにしています。

上の子たちは、下の子に遊びを教えてお膳立てをしてくれたり、ひとりでいる下の子に話しかけてくれたりします。季節の大きなパーティーのときには、上の子たちがダンスを披露しようと考えたのですが、下の子たちも「わたしたちもやりたい」といって一緒に取り組むことになりました。そういった**シナジーが起きて新しいイベントが生まれることもある**のです。

いまはひとりっ子が増えていますから、年齢がちがう子ども同士のかかわりが希薄になっています。一方で、**学童でなら、年齢がちがう相手とのコミュニケーションをしっかり学ぶことができる**のです。また、大事に育てられている子はわがままがいえる環境にあることも多いのですが、**自分の思いが必ず通るわけではないのが実際の社会です。**そういった現実を小学生のときから学べるメリットもあるでしょう。

学童に限らず、**もっとさまざまな経験ができる放課後の居場所が増えて、そのなかで子どもたちが生き生き、のびのびと過ごせるようになることが理想です。**

いずれにせよ、小学生のときに小学校以外で過ごす時間の大切さ、その時間をどのように過ごさせるかということを、親であるみなさんにはいま一度考えてもらえたらと思います。

Point

- **放課後や長期休みなど、「課外」の時間をどう過ごすかが大切**
- **学童はさまざまな体験によって視野が広がり、非認知能力が高まる**
- **学童特有の「縦割り」で、年齢のちがう相手とのコミュニケーションが学べる**

Chapter 4

無条件に自分に「OK」を出せる
自己肯定感
を育む

The ultimate child-rearing

12

子どもの人生を充実させる前向き思考の「自己肯定感」

「愛情」と「体験」が豊かな心を育ててくれる

鈴木みゆき（国立青少年教育振興機構理事長）

●「自己肯定感が低い＝悪い」とは言い切れない

子どもを持つ親なら、「自己肯定感」という言葉を耳にすることがどんどん増えているでしょう。近年、それだけ子どもたちにとって重要なものだと考えられはじめているということですね。自己肯定感は、以前、わたしもメンバーのひとりだった内閣府の教育再生実行会議でも取り上げられたテーマでもあります。

そして、よく指摘されるのが「日本は外国に比べて若者の自己肯定感が低い」ということ。実際、内閣府が13歳から29歳の若者を対象に行った意識調査でもそれが数字に表れています。

このデータによると、**日本の若者は欧米諸国の若者に比べて自己肯定感が格段に低い**ことがわかりますよね。

とはいえ、これをそのまま鵜呑みにはできないとも思っています。日本には謙虚であることを良しとする文化がありますから、そもそも「わたしがいちばん！」という意識を持ちづらいということもあるでしょう。また、実際には自分を肯定していながらも、謙虚さを併せ持っているがゆえに、「自分自身に満足しているか」という問いに「そう思う」とは答えなかった若者たちもいたと思うのです。

日本は外国に比べて若者の自己肯定感が低い

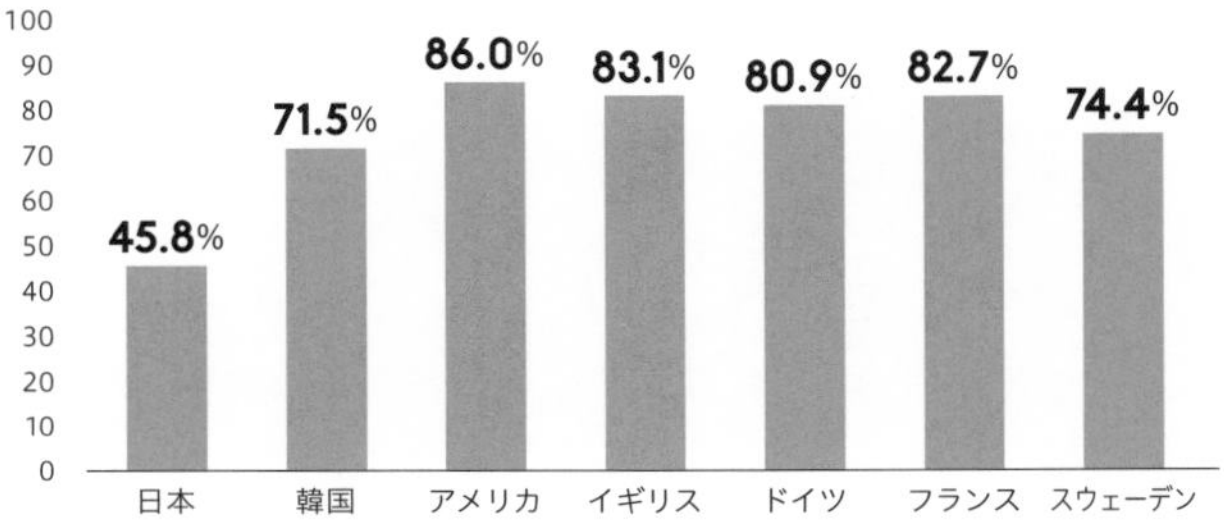

※内閣府「平成 26 年版子ども・若者白書」より作成。「次のことがらがあなた自身にどのくらいあてはまりますか。」との問いに対し、「私は、自分自身に満足している」に「そう思う」「どちらかといえばそう思う」と回答した者の合計。

そして、自己肯定感が低いことがそのまま悪いことであるかのように決めつけられる風潮にも、わたしは疑問を持っています。みんながみんな「わたしがいちばん!」という人間ばかりだったらどうでしょうか? 謙虚な姿勢を重んじる日本社会の場合、そういう人間は煙たがられることもあるでしょう。謙虚さが、社会生活を円滑なものにしているもののひとつでもあるはずです。**日本人の自己肯定感に関する調査結果はさまざまな視点からとらえる必要がある**と思うのです。

でも、「わたしがいちばん!」というものではなく、自分が好きだとか、なにかに挑戦するときに「わたしにはできる!」と思うだとか、そういう前向き思考につながる自己肯定感は、子どもにとってすごく重要なものですよね。他人と比べるのではなく、**「自分は大事な存在だ」「自分はここにいていいんだ」**と自分を認める意識——。

それが、長い人生を充実したものにしていく力を子どもたちに与えてくれるのです。

●転ばぬ先の杖を用意せず「子どもを野に放て!」

自己肯定感が子どもに与えてくれる力にはさまざまなものがありますが、なかでもわたしは**「立ち上がる力」がもっとも重要**だと考えています。一生、まったく傷つくことなく生きていくのは難しいもの。傷ついたときにはぺしゃんこに凹んでもいいんですよ。でも、そこからまた立ち上がることができなければなりません。「明けない夜はない、朝は必ずやってくる」という気持ち、立ち上がる力を子どもに持たせてあげることが大切なのです。

そして、子どもたちが**自己肯定感を高めるために必要なことは、まず誰かから愛されるということ**でしょう。とくに、周囲からの愛情によって自己肯定感の基礎を築いていく年齢である3歳から小学生くらいの子どもにとっては重要なことです。幼い子どもがいる親御さんは、子どもに存分に愛情を注いであげてください。

わたしたちの調査では、**親を含めた家族の愛情が子どもの「立ち上がる力」を高めているということ**もはっきりとわかっています。加えて、親自身が自己肯定感を高めることも重要ですね。**親の自己肯定感が強いほど、その子どもの自己肯定感も強くなる**傾向にあるのですから。

また、誰かから愛情を受けて育つことと並んで、子どもの自己肯定感を高めるために重要なことが「体験」です。そして、子どもがなにかを**「やりたい！」と思ったときがやらせどき**だと考えてほしいですね。たとえば、子どもが「包丁を使ってみたい」といったら、それが何歳のときであってもやらせてあげるべきです。

もちろん、注意は必要ですよ。最初は豆腐をさいの目に切るようなことからはじめて、徐々にキュウリの薄切りやタマネギのみじん切りをさせるというふうにステップアップさせていく。そして、そこに**親がかかわり、やれたことを褒める、やろうとしたことを褒めることが大事**。その繰り返しのなかで、子どもたちは生きていく自信や力、スキルを身につけていくのです。

包丁を使うなど危険を伴う行為をやらせるにあたって、子どもを心配するのは親として当然ですが、やはり心配し過ぎないようにすることも大切です。子どもを大事に

家族の愛情と子どもの「立ち上がる力」の相関関係

「子どもの頃に家族からの愛情を感じたことがある」と答えた人ほど、現在に「ひどく落ち込んだ時でも時間をおけば元気に振る舞える」と答える割合が高い

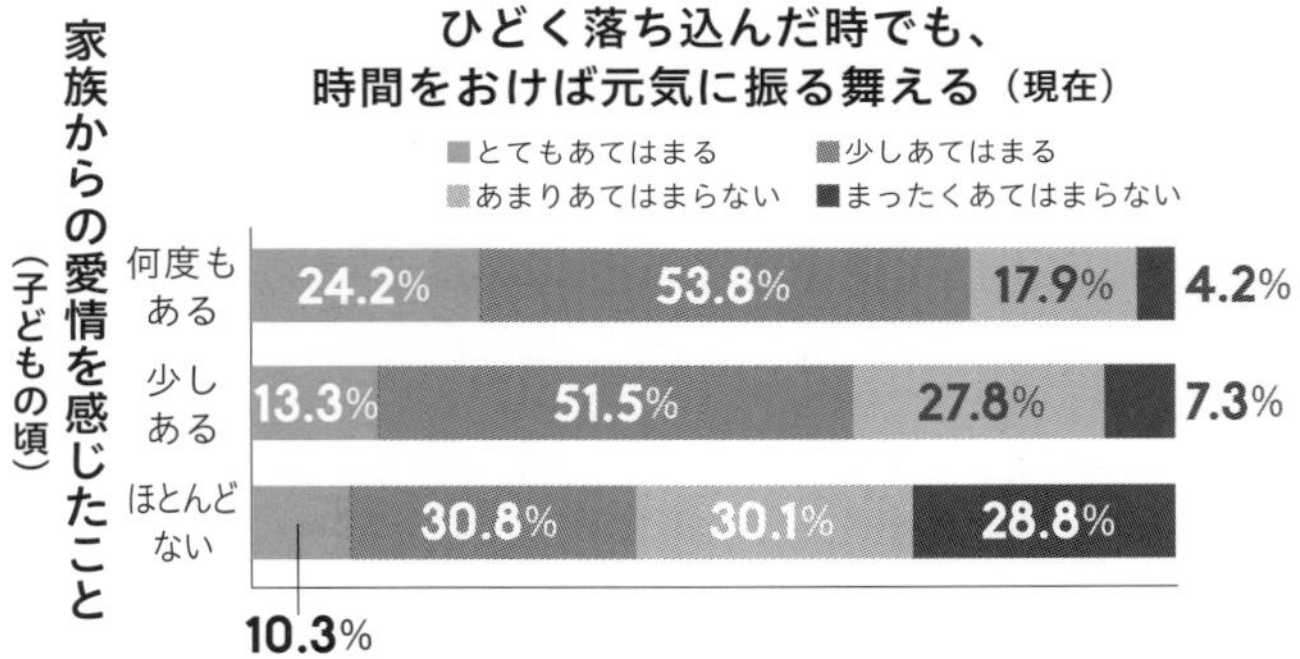

親の自己肯定感と子どもの自己肯定感の相関関係

保護者調査で「自分のことが好きである」と答えた親の子どもほど、「いまの自分が好きだ」と答える割合が高い

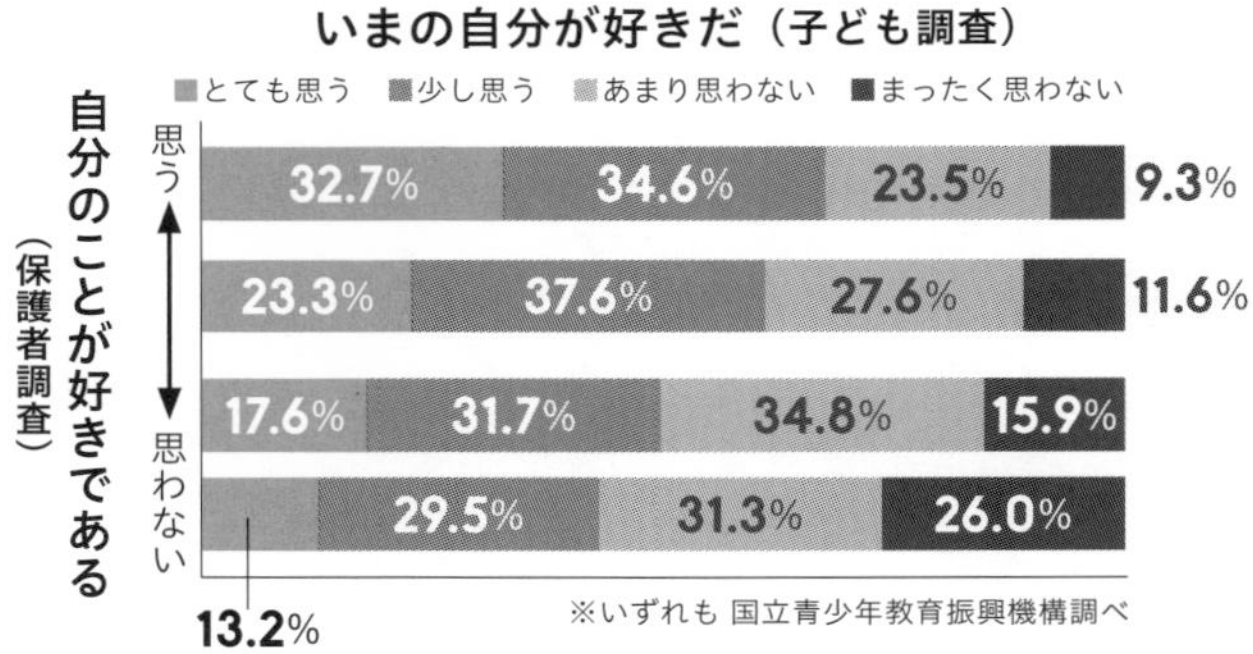

※いずれも 国立青少年教育振興機構調べ

大事に扱って「転ばぬ先の杖」を用意し続けると、それこそ「立ち上がる力」を身につけることがないまま大人になってしまいますから。親であるみなさんには**「子どもを野に放て！」**とお伝えしたいです。

Point

- **「自分が好き」「わたしはわたしでいい」という感覚が重要**
- **愛情を受けて育つと、自己肯定感は高まる**
- **子どもが「立ち上がる力」を身につけるために、勇気を持って野に放て！**

13

見過ごしてはいけない自己肯定感「低下」のサイン

「できる・できない」より「自分の良さ」に気づかせてあげて

井戸ゆかり（東京都市大学人間科学部教授）

●自己肯定感の高低による子どものちがい

いまの子どもたちや若い人たちを見ていると、自己肯定感が低い人が多いように感じます。たとえば、学生に自分の長所と短所をそれぞれ10個挙げるようにいってみても、すぐに挙がるのは圧倒的に短所のほうです。一方、長所はなかなか挙がってきません。

自己肯定感の高低によって、子どもにはさまざまなちがいが表れます。**自己肯定感が高い子どもは、自分に自信が持てる**のでどんなことにも積極的に取り組むことができます。それから、自分の良いところも悪いところも含めて「いまの自分でいいんだ」という思いがあるので、気持ちにゆとりがあり、情緒が安定して他人にも優しくできます。

しかし、**自己肯定感が低い子どもは、人からどう見られているかという評価を気にして自分に自信を持てません。**従って、友だちに対するジェラシーもあり、大人が見ていないところで友だちに対して意地悪をするといった問題行動を起こすこともあります。

自己肯定感が低いというと、ただ自分に自信がないおとなしい子を想像するかもしれません。もちろん、そういうタイプの子どももいますが、自己肯定感が低い子どもであってもどこかで**「認められたい」という気持ちがあり、それが友だちへの意地悪などゆがんだかたちで出てしまう**こともあるのです。

●子どもに役割を与えて褒めるきっかけをつくる

これらの話を聞けば、あたりまえですが「自己肯定感が高い子どもに育ってもらいたい」と考えるのが親心でしょう。自己肯定感は、とくに小さい子ども同士の関係性のなかではなかなか育まれません。つまり、**子どもの自己肯定感を育てるには周囲の大人、とくに親のかかわり方が重要**になってきます。

親はしっかりと子どもを観察する必要があるのですが、なかでも注意してほしいのは、「どうせ」という言葉です。だいたい4歳後半くらいから出てくる言葉ですが、子どもが「どうせできない」などといいはじめたら要注意です。**「どうせ」という言葉が出たら、子どもを認めたり褒めたりするような言葉かけを増やす必要がある**と考えてください。

あるいは、家のお手伝いなど**役割を子どもに与えてあげることも効果的**です。ポイントは、その子どもの力では「簡単ではないけれどなんとかできる」という無理のないハードルの役割にすること。そして、そのお手伝いを子どもがしてくれたなら、「頑張ったね！」「すごいね！」「ありがとう！」とたくさん褒めてあげましょう。そうすることで、子どもは自己評価が上がり、自然と自己肯定感も高まっていきます。

幼児期から小学校低学年くらいまでの子どもの自己肯定感は、親の言葉かけ次第で高くもなれば低くもなります。お手伝いなどの役割を子どもに与えることは、子どもに「自分は必要とされている」と自信を与えるとともに、親が言葉かけしやすい状況をつくる意味もあるのです。

●「自分の良さ」に目を向けることを教える

また、親が子どもを見る「ものさし」を意識することも大切です。子どもは4歳頃から「あの子は足が速い」「この子は絵が上手」といったものさしで友だちと自分を比べるようになります。小学生になると勉強やテストもはじまるので、子ども自身もつい「できる・できない」のものさしで自分を見てしまうものです。でも、そのものさしのなかで育つと、**できる子と自分を比べてしまう傾向が強まり、自己肯定感は高まりません。**

そこで親の出番です。**誰もが万能ではなく、得意なことも苦手なこともあってあたりまえ**だということを子どもに教えてほしいのです。子どもにとって苦手なことがあれば、「一緒にやろうか」と苦手な部分を手伝って達成感を味わわせてあげましょう。

そして、なによりも**「自分の良さ」に目を向けること**を教えてあげてください。たとえば、図工の課題で工作をするにも要領がいい子はさっと終わらせてしまうのに、苦手な子、あるいはていねいな子はどうしても時間がかかります。

その子が居残りまでして作品をつくり上げて、しかもひとりできちんと片づけまでしたとしましょう。最後まで手を抜くことなく頑張れたこと、みんなで使う教室をきちんと片づけたことは間違いなくその子の「良さ」であるはずです。親としては、完成した作品の評価だけでなく、むしろ、完成するまでのプロセスをしっかり褒めて、「**お**

母さん・お父さんがちゃんと見ていてくれた」と子どもが感じ、自信を持つことができるようにしていただけたらと思います。

Point

✓ 子どもの自己肯定感は、親の言葉かけ次第で変わる

✓ 子どもから「どうせ」という言葉が出たら要注意。子を認める言葉をかけて

✓ 人と比べずに「自分の良さ」に気づけるよう、子どもに自信を持たせる

14

子どもの自己肯定感を高める魔法の言葉

「Iメッセージ」で親の気持ちを伝えて！

石川尚子（ビジネスコーチ）

●Iメッセージは「自己肯定感」を高めてくれる

親が子どもと話をするとき、「Ｙｏｕメッセージ」と「Ｉメッセージ」を意識することで、子どもの自己肯定感を育むことができます。これらはコーチングで使われる用語で、簡単にいえば、**Ｙｏｕメッセージとは「『あなた』を主語にしたメッセージ」であり、Ｉメッセージは「『わたし』を主語にしたメッセージ」**です。日本語は主語を省略する場合が多いのでわかりにくいところもあるかもしれませんが、たとえば、「あなたって聞き上手ですね」はＹｏｕメッセージであり、「あなたと話していると（わたしは）すごく楽しいです」はＩメッセージとなります。

この例では、両者にあまり大きなちがいを感じず、どちらも好意的に受け取れるかもしれません。でも、これが初対面の相手にいわれた言葉だとしたらどうでしょうか？**Ｙｏｕメッセージには「あなたはこうだ」という評価のニュアンスがあるため**、先の言葉を聞いた場合にもうれしくないわけではないけど、それほど親しくもないのに「勝手に決めつけられている」といった印象や若干の抵抗を感じるのではないでしょうか。

一方の**Ｉメッセージは、あくまで話し手自身が「わたしはこう感じた」**といっているに過ぎません。ですから、否定しにくい。そして、自分にはそんなつもりはなかったとしても、**「この人はこう思ってくれたんだ」「自分の存在はこの人にこんな影響を与えたんだ」と思い、自分の存在価値を感じて自己肯定感が高まるのです。**

また、家庭においては親子関係をより良好なものにするためにもＩメッセージは役立ちます。子どもが門限を過ぎても帰宅しないとします。ようやく帰ってきた子どもに対して、みなさんならどんな言葉をかけるでしょうか？　つい、開口いちばん、「何時だと思ってるの！」と怒ってしまいたくなる人もいるはずです。でも、とくに反抗期にあるような子どもの場合は反発し、親子関係がぎすぎすしたものになってしまうことも考えられます。

そこで、なぜ怒りたくなったのかということをよくよく考えてみてください。その怒りの背景にあるのは「心配」ではないでしょうか。だとしたら、まずその気持ちをIメッセージで伝えてあげればいいのです。声を荒らげて怒るのではなく、**「ああ、やっと帰ってきた」「すっごく心配だった」「こういう気持ちは二度と味わいたくない」といったなら、子どもは親から愛されているということをしっかり感じて自《おの》ずと反省しようと思えるはずです。**

●NGワードが含まれる「偽のIメッセージ」に要注意！

でも、Ｙｏｕメッセージが一概に悪いというわけではありません。なかにはＹｏｕ

メッセージを好む子どももいるからです。ただ、やはり「あなたはこうだ」というYouメッセージは**聞き手にあまり良くない印象を与えるケースが多い**ことはたしかです。

たとえば、締め切り間近の原稿を書いているときにクライアントから「先生、早く書いてくださいね」なんていわれたら、「わかってるよ、やってるよ」といいたくなるものです。でも、「わたし、先生の原稿はいつも本当に楽しみだから、早く読みたいんです」とIメッセージでいわれたなら、**「よっしゃ！」とやる気が出てくるはず**です。このことは、子どもがやるべきことをやっていないというようなときにも使えるのではないでしょうか。

ひとつ、注意してほしいのは、Iメッセージに思えるもののなかにも「偽のIメッセージ」があるということ。たとえば、「お母さんは、あなたが間違っていると思う」「お父さんは、こうするべきだと思うよ」というのは、純粋なIメッセージではありません。たしかに話し手であるお母さんやお父さん自身が主語になっているのですが、一方的な否定や「こうするべき」「こうしなさい」といった指示・命令は、コーチング

子どもの自己肯定感を高める「I メッセージ」

話し手自身を主語にする「I メッセージ」を使えば、子どもに対して「わたしはあなたを大切に思っている」と伝えることができる。一方、相手を裁くような「You メッセージ」は、子どもの反発を招いてしまう

たとえば、子どもが遅い時間に帰ってきたら……

○	×
I メッセージ	**You メッセージ**

の観点からはＮＧです。

もちろん、親として子どもに自分の意見をはっきりと伝えなければならない場面もあると思います。そうでなければ、子どもは親の顔色を窺《うかが》うようになってしまいますし、親自身が「自分の考えをきちんと述べる」態度を子どもに示すことができません。

親が自分の意見を伝える際には、**子どもに自分の考えを押しつける構造にならないように、細心の配慮をすること**。意見を表明したうえで、子どもがそれに同意をしなくても、それはそれで認めるという姿勢も必要だといえるでしょう。

●日本語の「なぜ」「どうして」は相手を問い詰める

また、子どもとの会話において「なぜ」「どうして」という理由や原因を問う疑問**詞を使うこともなるべく控える**ことをおすすめします。親が子どもにいいがちな「どうして○○したの？」「なぜ△△できないの？」といったことです。英語の場合はそうでもないのですが、日本語の「なぜ」「どうして」は**相手を問い詰めるニュアンスが非常に強い**ものだからです。

とくに、なにかがうまくいかなかったときにその理由や原因を問うことは危険です。というのも、質問された瞬間に聞き手の意識は問われた内容に向かうからです。「どうしてできないの？」と聞くと、子どもの意識を「できない自分」にばかり向かわせることになる。**結果的に「あなたはできない子だ」という洗脳を行うことになる**のです。

だとしたら、質問されたことに意識が向かうメカニズムをいい方向に使うことを考えましょう。たとえば、部屋の片づけができない子どもに「どうして片づけないの？」と聞くのではなく、「この部屋を見てどう思う？」「どうしたらいいと思う？」「どういう状態だったら気持ちいいかな？」と聞くのです。そうすれば、**子どもは「できない自分」に意識を向けることなく、子どもなりに考えて行動を起こしてくれる**はずです。

Point

- **「Youメッセージ」ではなく「Iメッセージ」を使って子どもと話す**
- **指示や命令を含む「偽のIメッセージ」に注意しよう**
- **相手を問い詰める「なぜ」「どうして」を使うのは控えよう**

15

「褒める」から「認める」へ

「根拠のない自信」で、子どもはぐんぐん伸びていく！

おおたとしまさ（教育ジャーナリスト）

●持っている自信のちがいが自己肯定感の高低を生む

「自己肯定感」と「自信」は、似て非なるものです。一見、自己肯定感がありそうに見えても、じつは自己肯定感が低いというケースもあります。

自己肯定感が高い人間というのは、無条件に自分を認めている人間を指します。「僕は○○ができるからすごいんだ」と思っているわけではありません。**「自分は自分なんだから、自分のままでいい」と思っているわけです。**となると、そのベースにあるのは、いわば「根拠のない自信」といえるでしょう。

一方、一見、自信があるように見えてじつは自己肯定感が低い人間はどうかというと、**「僕は○○ができるからすごいんだ」と思っている。**つまり、そのベースにあるのは、自己肯定感が高い人間とは対照的に「根拠のある自信」となります。

では、この自己肯定感の高低が人間性にどんなちがいを与えるのでしょうか？　自己肯定感が高い人間の場合、根拠のない自信から「自分は自分のままでいい」と思っているのですから、「他人も他人のままでいい」と思うことができる。もちろん、他人とのあいだに意見のちがいなどはあって当然です。でも、それすらも含めて**他者の存在自体を認め、尊重する**ことができるのです。

逆に自己肯定感が低い人間の場合は、自分のベースにあるのは「○○ができる」「○○を持っている」といった根拠のある自信ですから、自分と比べて「○○ができない」「○○を持っていない」という他人を認めようとはしません。**わざわざあら探しをして優劣をつけ、他人にダメ出しをしてしまう。**そうなると、他者との良好な人間関係を築くことは難しくなるでしょう。このタイプの人間は、社会的弱者に対して自己責任論を振りかざす人たちのなかにも多いように思います。

●「自信家でありながら自己肯定感が低い人」という存在

「自己肯定感が高い人」というと、自分に自信がある「自信家」をイメージするかもしれません。でも、そうとは限らないわけです。持っている自信の種類が「根拠のある自信」だけという場合、**「自信家でありながら自己肯定感が低い人」**になり得るのです。

そういう人間を生むひとつの要因として、親が子どもに対して過度の勉強を強《し》いる「教育虐待」が考えられます。教育虐待を受けて育った子どもが、親の無茶な期待になんとか応え、受験でも就活でも出世レースでも勝ち進んできたとしましょう。でも、教育虐待とは教育という名のもとに行う人権侵害です。**ひとりの人間として認められないまま育った人間が、自己肯定感を持てているはずもありません。**

だけど、受験でも就活でも出世レースでも「結果」だけは出してきたことによって、

「自分はすごい」と自信を持って生きてきた。その人間にとっては「結果がすべて」です。すると、たったひとつのつまずきによって「結果」を出せないということが起こると、大人になってからでも、ぽっきりと心が折れて立ち上がれなくなってしまうということもあり得るのです。

このことにも通じることですが、**自己肯定感の高低は、「チャレンジ精神」にも大きな影響を及ぼす**と考えられます。自己肯定感が高い人間は、どんな失敗をしても「無条件に認めている自分の核の部分」は損なわれることがない、絶対に変わらないという「安心感」を持っています。だからこそ、さまざまなチャレンジをすることができますし、たとえその結果が失敗に終わったとしても「なんとかなるさ」とへこたれずに再び立ち上がることができます。

一方、自己肯定感が低い人間には「僕は○○ができる」という根拠のある自信しかありませんから、「○○ができない」ということを極端に怖がることになる。安心感とは正反対に、**なにかに失敗したら自分の価値が無になってしまうような「恐怖感」**

を持っているために、心の支えである「僕は○○ができる」という「いま、あるもの」を高める方向ではなく維持する方向に意識が働きます。そうすると、どうしてもチャレンジを怖がるということになるのです。

●子どもの行為のプロセス、発想そのものを「認める」

もちろん、親としては考えるまでもなく子どもには自己肯定感が高い人間に育ってほしいと思うはずです。では、子どもの自己肯定感を高めるために、親はどうすべきなのでしょうか？　その答えは、先の教育虐待のケースとは逆に、「子どもの人権を認める」ことに尽きます。

ただ、それだとちょっと抽象的かもしれませんね。もう少し具体的にいえば、**とにかく「子どもの言葉をばかにしないで真面目に聞く」**ということです。子どもは子どもっぽくてあたりまえです。大人からすればどんなに子どもっぽくてばからしいことに聞こえたとしても、子どもの言葉をきちんと聞いて「へえ、そんなことを考えたんだね」というふうに答えてあげるのです。

それは、**「褒める」ということではなく、「認める」ということ**です。いま、教育界では「褒めて伸ばす」ことがいいと盛んにいわれています。もちろん、本当に褒められるところは褒めるべきでしょう。ただ、なにかの結果を出したときばかりに褒め続けるようなことがあれば、「結果を出したから自分はすごい」と子どもに思わせることになる。それこそ「根拠のある自信」を植えつけ、逆に子どもの自己肯定感を下げることになりかねません。

そうではなく、**子どもの行為のプロセスそのものを認める、あるいは子どもの言葉に対して「面白いところに気づいたね」と発想そのものを認める**のです。そうすれば、自分の内から湧き上がってくるものを子ども自身が認められるようになる。それが、最終的には子どもに「根拠のない自信」を与え、自己肯定感を高めることにつながるのではないでしょうか。

●アイコンタクトだけでも子どもを「認める」ことができる

また、子どもを「認める」際には、必ずしも言葉はいりません。大切なのは**子どものサインを見逃さないこと**。幼児であれ思春期の子どもであれ、「いま、僕頑張ったよ。見てた?」とか「やった! わたし、すごいでしょ?」という意味で、親をチラッと見ることがありますよね? そのときに**「うん、見てたよ」「すごいじゃん!」とアイコンタクトを返すだけでもいい**のです。そういう場面でこそ「いいね!」をするんです。SNSで社交辞令的な「いいね!」なんてしている場合じゃありません。

それだけで子どもは勇気づけられ、励まされます。**「お父さん、お母さんはちゃんと自分のことを見ていてくれる」と安心します**。逆に、そういうサインを何度も立て続けに見逃すと、子どもはだんだんとやる気を失っていきます。「どうせ……」が口癖になっていくのです。

わたしは、親が子どものためにあれこれ手を出したり口を出したりするのは最低限にとどめるべきだと思っています。でも、子どもに背を向けてなにもしないほうがいいといっているわけではありません。子どもが「いま、見てた？」とこちらを見たときにはそれに気づいてあげることができて、**目の動きひとつでいいので「見てたよ！」と応えてあげてほしい**のです。そんな親になれれば、余計な心配などしなくても、子どもは勝手にぐんぐん伸びていくはずです。

Point

- ✔ **「根拠のない自信」があれば、他者を認めて尊重できる**
- ✔ **子どもの行為のプロセスや、考え方の発想そのものを認めよう**
- ✔ **子どもからのサインを見逃さず、「見ているよ」と伝える**

Chapter 5

豊かな心のやり取りが、
親も子も幸せへと導く

親子のコミュニケーション

を深める

The ultimate child-rearing

16

「失敗」の経験が子どもを大きく成長させる

親が身につけておきたい「子どもとの距離感」

田中博史（筑波大学附属小学校前副校長）

●子どもとの適切な距離を知るには「自分の気持ち」に注目

子育ての大前提として、とても大切だとわたしが考えていることをお伝えします。それは、親がしっかり身につけなければならないのは「子どもとの距離感」だということ。これは、遠過ぎても近過ぎてもよくありません。**遠過ぎれば親の目が届きませんし、近過ぎれば親からの影響を受け過ぎる**ということになるからです。

でも、子どもと適切な距離を取ることはそれほど簡単ではありません。一度に数十人の子どもを相手にしている教師なら、それぞれの子どもとの距離を比べられることもあって、子どもと適切な距離を比較的取りやすいのですが、たとえきょうだいがいても限られたわずかな人数のわが子との距離を親が客観視することは、意外に難しいものなのです。

そこで意識してほしいのは、「子どもを見ているときの自分の気持ち」です。子どもを見ていて「うちの子、まんざらでもないな」というふうに余裕を持って思えているときはちょうどいい距離にあるということが多いものです。一方、**イライラしているときというのは、距離が遠過ぎるか近過ぎるかのどちらか**ですから、対処が必要になる。

まず、親と子どもが磁石だとイメージしてみてください。親子の適切な距離というのは、磁石がくっつきそうでくっつかない距離のことです。その距離を見つけるには、まずはいったん気持ちのうえで子どもから引いてみましょう。つまり、距離を取って意識的に遠ざかるというわけです。たとえ元の距離が遠過ぎたという場合にもさらに距離が開いただけですから、今度は少しずつ近づけばいいだけのことです。

逆に近過ぎた状態からさらに近づいてしまうと、磁石はぴったりくっついてしまいますよね？　いったんその状態になってしまうと適切な距離に離れるのはなかなか難しく、必要以上に子どもにかかわってしまうということになります。**子どもを見てイライラしたら、まずは引いてみる——**。そう心がけてください。

●親が見ているところで子どもに失敗させてあげる

わたしが見る限り、いまの親と子どもとの距離はとにかく近過ぎるようです。すぐに「転ばぬ先の杖」を差し出してしまい、子どもが自分で考えたり失敗したりすることは減る一方です。その反面、子どもは「最初から成功しなければならない」と強いられています。それでは、子どもが失敗を恐れて挑戦することを敬遠するようになるのもあたりまえのことですよね。

しかも、親によって「最初から成功しなければならない」と思わされた子どもの場合、**とくに失敗を恐れたり挑戦を敬遠したりするのは、「親が見ているところ」**ということになります。そして、失敗をして立ち上がるという経験もないのですから、親が見ていないひとりぼっちの場面で挑戦をして失敗してしまえば、大きな心の傷を受けるということになってしまうのです。

本来なら、これは逆であるべきでしょう。親が見ていて手を差し伸べられるところで失敗して立ち上がる経験をさせてあげて、子どもがひとりのときには失敗をしない、あるいは**失敗をしてもしっかり立ち上がる力をつけさせてあげる**べきではないでしょうか。

だとするならば、子どもが勇気を出してなにかに挑戦しようとしたときには、親は結果など気にせず、それこそ適切な距離を取って「うちの子は成功するかな？ 失敗をするならどんな失敗をするかな？」とニコニコとしてただ見ていてあげればいいのです。そうすれば、子どもは親の顔色を窺ってビクビクするようなことなく、たとえ失敗をしても何度でも挑戦する人間に育っていくはずです。

●「人間関係」における失敗を早めに経験させておく

「失敗」というと、スポーツや勉強など個人的なものをイメージする人が多いでしょう。でも、社会生活を営む人間としてきちんと成長するには、「人間関係」における**失敗をなるべく早くにしておくことも大切**です。

これも子どもとの距離の話になりますが、やはりいまの親は子どもにかかわり過ぎる傾向にあります。他の子どもやその親とのトラブルを避けようとするあまり、どうしても子どもを「安全圏」に入れてしまう。だから親が見ている前では〝事件〟は起きません。でも、そのまま体だけが成長して親が制御できなくなったときに、親が見ていないところで子どもが誰かと摩擦を起こす事件が起きてしまったら……？　いじめなど深刻な問題を起こしてしまうということになりかねないのです。

もちろん、いくら幼い子どもであっても、他の子どもに暴力を振るうようなことは止めなければなりません。でも、親同士が見ている前で幼い子ども同士がちょっとした「失敗」をすることは、そのあとにきちんと人間関係を築いていくためにはとても大切なことです。

公園やショッピングモールのキッズルームにでも行ったのなら、子どもに近づきたくなる気持ちを抑え、**自分の子どもがまわりの子どものなかでどのように関係性を築いていくのかを見てあげてください。**その様子を「あ、他の子にボールを取られちゃった」「怒るわけでもないし、穏やかでいいじゃない？」「もっと積極的になってほしいな」というふうに夫婦で実況中継なんてできたら、それこそ子どもと適切な距離を取れて、いい子育てができるのではないでしょうか。

Point

- **「子どもを見ているときの自分の気持ち」に着目して親子の距離感を測る**
- **子どもの挑戦は、結果を気にせず見守ってあげる**
- **親が手を差し伸べられるところで、子どもに失敗して立ち上がる経験をさせる**

17

子離れできない親とその子どもの末路

親が自分の人生を肯定的に生きることが、子どもを自立させる第一歩

柳沢幸雄（北鎌倉女子学園学園長）

●成長の段階に合わせて子離れする必要性

いま、「子離れできない親が増えている」と盛んにいわれています。なかには、子どもの入社式について行くような親もいるとか……。わたし自身は、中年になったひきこもりの子どもを高齢の親が世話をするという、いわゆる「8050問題」も覚悟のうえなら、別に無理に子離れしなくてもいいと思っています。

でも、現実的にはそれは難しいことですよね？　よほど経済的な余裕があるならと

もかく、高齢の親が亡くなってしまえば収入源は閉ざされるわけですから、子どもは生きていくことができなくなります。そうであるならば、子どもが自立できるように、**親はどこかのタイミングで子離れをしなければなりません。**

では、そのタイミングはいつなのか——。子どもがかわいくてしょうがないからと、子どもが40歳になるまで子離れしなかったとして、その子どもは社会で生きていけるでしょうか？　まったく社会経験がないまま40歳ではじめて就職試験に臨んでもうまくいくはずがありません。「体力だけには自信があります！」なんていわれても、世間からしたら「40歳にもなってなにをいっているんだ？」という話でしょう。

やはり、**18歳頃までのあいだにしっかりとひとりで生きていける生活力を身につけさせてあげなければならない。**その年齢なら社会経験がなくても当然ですし、まわりからは子ども扱いされると同時に、一方で「しょうがない」とも思ってもらえる。そうして、周囲から仕事をはじめとしたさまざまなことを教わりながら大人として成長していけるのですから、それが子どもにとってはいちばん楽な道といえます。

子どもには生き物としての成長の段階がある。そこに合わせて**子どもの生活力を育て、適切なタイミングで子離れする**ことが、親がやるべきことです。

●「子離れできない親子」＝「母親と息子」のイメージのわけ

ところで、「子離れできない親とその子ども」と耳にしたとき、みなさんはどんな親子をイメージしたでしょうか。多くの人が「母親と息子」を思い浮かべたのではないですか？　これは、単なるイメージというわけではなく、はっきりとした理由があります。

親は息子に対しても娘に対しても同じように育てていると思っているものですが、じつは子どもの性別によってその対応には自然にちがいが生まれています。それがはっきりするのは、子どもが思春期に差しかかったとき。子どもの体に変化が表れ、それに伴って意識も変化してきたとき、同性の子どもについては自分が経験してきたことですから、その変化を理解できます。一方、異性の子どもの場合にはわからないのです。

母親は、夫を通じて成熟した男性についてはある程度のことを理解しています。ですが、成熟していく過程にある男性のことはわかりません。母親には息子が宇宙人にしか見えなくなるのです。でも、自分の子どもですから、かわいくてしょうがない。すると、**そのかわいいという感情だけが強く残り、息子のことをきちんと理解できないまま子離れできない**ということになるのです。

一方、父親も娘のことを理解できないという点では、息子に対する母親とちがいはありません。でも、共働き家庭が増えているとはいえ、子どもと接する時間はどうしても母親のほうが多くなりがちです。息子か娘かにかかわらず、子どもと接する時間自体が多くない父親の場合、母親のように子どもと密接な関係を築くことはそもそも難しい。また、**異性の親に対する拒絶感は、息子より娘のほうが強い傾向にあること**も挙げられます。

●「お父さんみたいになっちゃダメよ」はＮＧワード

では、子どもに生活力を身につけさせるため、親にできることとはなんでしょうか。生活力の軸となるのは、**どのように生きていくのかという自らの指針**になります。その指針を子どもが持てなくては、きちんと自立することなどできないでしょう。

そこで親が求められるのは、親自身の生きる指針を子どもに示してあげることです。これは、親がいわゆる模範的な生き方をするべきだということではありません。また、たとえ夫婦のどちらかがだらしない生活をしていたとしても、**「お父さんみたいになっちゃダメよ」「お母さんみたいになっちゃダメだよ」ということはＮＧ**です。

親は子どもにとってのロールモデルです。**いちばん望ましいのは、子どもが「親のように生きたい」と感じること**でしょう。その次に望ましいのは、子どもが「親のようには生きたくない」と感じること。後者は、親を反面教師にするケースです。ただ、子どもがしっかり自立するためにも、親の生き方をどう感じるかは子ども自身に委《ゆだ》ねることが重要であり、先の発言のように子どもの考えにバイアスをかけるようなことは避けるべきです。

親がやるべきことは、どんな生き方をしているにせよ、自分の生き方を肯定的にとらえること。そうして、「自分なりに自分の人生をきちんと生きているんだ」ということが子どもに伝われば、それで十分ではないでしょうか。

Point

- **社会の流れに合わせて、適切なタイミングで子離れしよう**
- **親は子にとってのロールモデル。親の生き方をどう感じるかは子どもに委ねて**
- **親が自分の生き方を肯定的にとらえることが大切**

18

困難に立ち向かえる自信のある子の育て方

なにより大切なのは親子間の「アタッチメント」

森口佑介（京都大学大学院文学研究科准教授）

●アタッチメントにより子どもは自信を持つ

発達心理学の世界には、「アタッチメント」という言葉があります。これは、ごく簡単にいえば「親子の絆」のこと。子どもが赤ちゃんのときには、なにをするにも親の助けが必要です。あるいは、なにか嫌なことがあったときにお母さんが抱っこしてくれるなどすれば安心できる。そういう親子のやり取りのなかで、子どもは親との感情的な絆を深めていきます。そして、この**アタッチメントこそ、子どもがより良い人生を歩んでいける人間になるための「礎」**なのです。

たとえば、親とのあいだにしっかりしたアタッチメントが形成できた子どもは「自信を持つ」ことができます。親からしっかりと愛情を受け取って育っているために、なにか嫌なことや困ったことがあったときにも、「親やまわりの人は自分のことを助けてくれる」「自分は親やまわりの人から愛される存在だ」という認識を持っているために、**自信を持って問題解決に臨むことができる**のです。

しかし、親とのあいだのアタッチメント形成が不十分な子どもの場合は、「親やまわりの人は自分を助けてくれることなんてない」「自分なんて親やまわりの人から愛されない存在だ」という認識があるために、自信を持つことができず、ちょっとした困難にも立ち向かうことができません。

●社会で生きる人間に不可欠な「感情をコントロールする力」

また、強いアタッチメントを形成できれば、子どもは「感情をコントロールする力」も獲得していきます。なぜなら、その力をアタッチメントの形成途上で親から学ぶからです。赤ちゃんが泣くと、親は必死に慰《なぐさ》めますよね？　このことは、いわば親が子どもの感情をコントロールしている状態だといえます。でも、こういうことを繰り返し経験するうちに、**子どもは自分自身の慰め方、自分自身の感情をコントロールする方法をどんどん吸収して学んでいる**のです。

この「感情をコントロールする力」が重要なことについては、想像しやすいものでしょう。自分の感情をコントロールできず、場や相手を考えずに喜怒哀楽を周囲にぶつけていては、いい人間関係を築くことはできません。

人間には、「他者とうまく付き合う力」が欠かせません。どんなに一匹狼に見える人でも、人間は社会のなかでしか生きられない生き物だからです。そして、**他者とうまく付き合うためにも、「感情をコントロールする力」をしっかりと身につけなければならない**のです。

この**「感情をコントロールする力」が育っていない子どもは、駄々をこねたりかんしゃくを起こしたりするようなことが増えます。**もちろん、イヤイヤ期の影響もありますが、一般的なイヤイヤ期を過ぎてもかんしゃくを起こすようだと、アタッチメントの形成が不十分であることの他、子どもが日常的にストレスを感じていることを疑ってもいいかもしれません。

ついさっきまで機嫌がよかったのに、突然かんしゃくを起こすなど感情をコントロールできなくなる子どもには、ストレスに弱いという特徴があります。そして、どういう子がストレスに弱いかというと、日常的にストレスを受けている、虐待や体罰を受けているような子どもです。

虐待や体罰などによって強いストレスを受け続けると、ストレスに強くなるのではないかと思う人もいるかもしれませんが、実態は真逆。ストレスを受け続けた子どもは、ストレスに対して敏感になり、ちょっとした嫌なことに対してもストレスを感じてしまうのです。もし子どもが頻繁に感情をコントロールできなくなるというなら、「しつけのつもりで虐待をしてしまっていないか」というふうに、自身の子育てを冷静に振り返ってみてください。

●子どもは親の所有物ではない

　また、子どもがしっかりと自分自身で感情をコントロールできるようになるには、「親の子離れ」も欠かせない要素だということも、加えてお伝えします。**いつまでたっても親が子どもを慰めるかのように、子どもの感情をコントロールしていては、子どもは自分の感情をコントロールする実践の場を経験できません。**

　この子離れについては、いまの親は大きな問題を抱えているように思います。たとえば、わたしが勤める京都大学の卒業式を見ても、学生の親が同席するケースが本当に多いのです。わたしが学生だった頃は、大学の体育館で卒業式をしたものですが、いまは同席する親があまりに多いために、大きなイベント会場を借りて行わなければならなくなっているくらいです。

　そういった子離れできない親の特徴として、子どもを「自分の所有物」のように思っていることが挙げられます。自分の「もの」だから、必要以上にかわいがって甘やかかすのです。また、逆の方向として、虐待についても親が子どもを自分の所有物だと思っていることがひとつの原因です。自分の「もの」だから殴ってもいいというような思考を持っているのでしょう。

そうではなくて、**「子どもは自分とはまったく別の人格を持ったひとりの人間」という認識**を持たなければなりません。そういう認識を持っていれば、最初はひとりではできなかったことを子どもができるようになってくれば、そのあとは子ども自身に任せられるようになる。そうして、きちんと子離れができるのです。

Point

- **「アタッチメント」によって、感情をコントロールする力が身につく**
- **子どもが頻繁に感情をコントロールできなくなるようなら、しつけを振り返る**
- **子どももひとりの人間。子ども自身に「任せる」ことも大切**

19

手がかからない子ほど要注意！

自己決定できない「いい子症候群」の防止法

諸富祥彦
（明治大学文学部教授）

●「いい子症候群」の原因は、親の子どもとのかかわり方にある

みなさんは、「いい子症候群」という言葉を聞いたことがあるでしょうか？「いい子」というからには、悪くないどころか、いいことのように思うかもしれません。でも、いい子症候群の子どもたちの場合、必要以上にいい子であろうとする傾向があるのです。その大きな特徴としては、自分を抑えて周囲の人の期待に過剰に応えようとする、いま風にいえば、**空気を読もうとするあまりに、自分というものがわからなくなっている**ということが挙げられます。

いい子症候群の子どもたちの典型的な行動例を挙げてみましょう。家族と一緒に食

事に出かけたとします。普通の子どもであれば、たまの外食で、なにを食べようかと大いに興奮している場面ですよね。でも、いい子症候群の子どもたちは、自分がなにを食べたいのかということすらわからない。なぜかというと、なにを食べたいといったら親が喜ぶのかというようなことばかり考えるように、小さいときから強いられてきたからです。

つまり、子どもをいい子症候群にさせてしまう最大の要因は、親の子どもとのかかわり方にあります。**子どもが子ども自身の気持ちに従って行動できるようなかかわり方をしていない**のです。そういう親も、一見すると子どもに対して理解があるようなかかわり方をしていることも少なくありません。

たとえば、子どもが高校や大学などの進路を選ぶというとき、そういう親はまずはこういうはずです。「あなたが好きな学校に行っていいのよ」と。でも、子どもがいざ自分の志望校を口にしたら、「でも、その学校だとこういうところが心配だな」「お母さんはこの学校がいいと思うな」というふうにいってしまう。それでは、子どもからすれば、自分の行きたい学校に行っていいとはとても思えませんよね？　そして、「親の気持ちに応えないと……」と考えるようになるのです。

もちろん、そういう場面で子どもが自分の気持ちに従って反発するケースもあります。頭ごなしに「そんな学校はダメ！　こっちにしなさい！」なんていわれれば、子どもも反発しやすいでしょう。でも、先に述べたように、**いい子症候群を引き起こす親は、「あなたのためを思っていっているのよ」という態度を取りますから**、子どもからすれば反発しづらくもある。そうして、子どもたちはいい子症候群になっていくわけです。

●「母親と娘」に圧倒的に多い、いい子症候群

ここまで、わたしが例に挙げた親の口調が気になった人も多いかもしれませんね。そう、**いい子症候群を引き起こす親は、圧倒的に母親が多い**のです。加えて、いい子症候群になる子どもには女の子が多いという特徴もあります。

男の子に対しては、最初からいい意味で両親ともにあきらめています。「男なんてなるようになる」「好きに生きろ」というように。でも、女の子の場合はちがう。父親からすれば異性のことはわからないですし、性のちがいを尊重しないといけないという意識が働くのでまだ問題は起きません。

ところが**母親は、「娘は自分のコピーのようなもの」だと認識するケースが多い**のです。「自分がこう思うのだから、娘もこう思うにちがいない」「娘の幸せは、こういうものにちがいない」と、娘だけは自分の期待に応えさせてかまわない存在だと思い込んでしまう。そうして、親である自分の希望を娘に最優先させるような言動をしてしまうのです。

●いい子症候群の子どもは「アダルトチルドレン」になる

いい子症候群が怖いのは、**いい子症候群の子どもたちの多くが、いい子症候群であることに無自覚**だという点。わたしが過去に出会った女性を例にしましょう。彼女は、母親からこんな言葉をかけられ続けて育ちました。「お母さんは英語をきちんと習いたかったから、あなたにはそうしてほしい」「お母さんは、本当は学校の先生になりたかったから、あなたにはそうなってほしい」「そうするのが、あなたにとってもいいことだと思うよ」と。

彼女は、母親の期待にしっかり応えて英語の教師になりました。そして、それが母親のためにやってきたことなんて思うこともなかったし、自分にとっての幸せだと信じて疑うこともありませんでした。ところが、35歳くらいになったときに、突然、「わたしの人生って誰のものなのか」「わたしの人生は空っぽじゃないのか」という思いに襲われて、心が不安定になったのです。

彼女はもう30代でしたから、厳密にいえばいい子症候群とはいえません。**いい子症候群の子どもは、大人になったときに、「アダルトチルドレン」と呼ばれるようになります。**アダルトチルドレンとは、子どもの頃に自分らしくさせてもらえない体験を重ねることで、大人になってからも、生きづらさを抱えてしまう大人のことです。

アダルトチルドレンの人たちはたくさんの問題を抱えています。先に例に挙げた女性のように、人生自体に空虚感を持ってしまうこともそう。また、職場や家庭などの人間関係においても多くの壁にぶつかります。自分がなにをどうしたいのかということがわからないため、「わたしはこうしたい」という交渉ができないからです。そうして、我慢に我慢を重ねて不満を限界までため込んだ揚げ句に、「わたしを大事にしてくれない！」と怒りを爆発させるということになる。でも、相手からすれば、自分のことをなにもいわない人の気持ちなんてわかりようがありませんよね。

●子どもに「空気を破る」練習をさせる

先に、いい子症候群の特徴として、周囲の空気を過剰に読もうとすると述べました。そう考えると、**子どもをいい子症候群にしないためには、子どもに空気を破る練習をさせればいい**のです。わかりやすい例なら、先にも挙げた外食の場面など最適でしょう。親の希望など関係なく、子ども自身に自分が食べたいものを真っ先に選ばせてあげればいい。

このとき、**親の顔色を窺うような素振りを子どもが見せていたとしたら、**危険信号と考えていいと思います。いい子症候群の子どもは、親からすれば親のことを考えてくれて、反発もしてこないし、まさにいい子に思えるでしょう。でも、**手がかからないいい子というのは、のちのち手がかかる人間になりやすい**のです。「なにを食べればいいかな？」というふうな、指示待ちの言動を子どもがするようなら、いい子症候群の兆候が見られますから、要注意！

そして、**子どもが自分で決められるまで、親は辛抱強く待ちましょう。**ここに、欧米と日本の大きなちがいがあります。パン屋さんでの親子の振る舞いを見ていると、欧米人と日本人のちがいがはっきり感じられます。欧米人の親の場合、「なにを食べたい？」と子どもに聞いたら、子どもが自分で決められるまでずっと待ちます。欧米には、たとえ相手が子どもであっても、自己決定を大切にする習慣があるからです。

ところが、日本人の親は待てない。「じゃ、これにしとこうか」「これ好きだよね、これでいいよね？」と、親が決めて押しつけてしまうのです。**子どもをいい子症候群にしないため、日本人の親にもっとも必要なものは、**なによりも**根気、「待つ力」**ではないでしょうか。

Point

- 親の期待を押しつけていると、子どもは「いい子症候群」になってしまう
- 「アダルトチルドレン」になってしまうと、空虚感や生きづらさを抱えてしまう
- 子ども自身が自分でものごとを決められるように、親は辛抱強く待とう

20

他人との比較で得た幸せは長続きしない

「幸福学」でわかった、親子で幸せになる方法

前野隆司
（慶應義塾大学大学院システムデザイン・マネジメント研究科教授）

●他人と比較できるもので得られる幸せは長続きしない

わたしの専門のひとつである「幸福学」を、まだ知らない方もおられるかもしれません。幸福学が世界的に広まりはじめたのは1980年代になってからです。ただ、「人はいかにすれば幸せになれるのか？」ということについては、2500年くらい前から哲学者や宗教学者が研究をしてきました。そこに科学の視点が入り、さまざまな説にエビデンスがもたらされ、幸福学という学問として確立されたのが1980年代以降ということなのです。

心理学・統計学ベースの幸福学は、哲学でも宗教学でもありませんから、「人の幸

せはなにか？」という根本的な問いを扱うものではありません。幸福学の研究では、その問いはさておき、研究対象の人たちにはそれぞれの主観で自分が幸せかどうかを問います。そして、「幸せだ」と答えた人たちにはどういう共通項があるのかを研究し、「人はいかにすれば幸せになれるのか？」という問いに答えを導くのです。

また、そういった基礎研究に加えて、応用分野もある。たとえば、基礎研究によってわかった人が幸せになる仕組みを、企業経営やそれこそ子育てなどに応用し、幸せになる方法を広めることも幸福学の範疇《はんちゅう》に含まれます。

さて、その幸福学の研究が進んだことで、ひとつの大きな事実が見えてきました。その事実とは、「お金やモノ、地位など他人と比較できるもので得られる幸せは長続きしない」ということです。たとえば、ある人が昇進して給料が上がったとします。もちろん、その瞬間はうれしいし、幸せを感じるでしょう。でも、もっと給料をもらっている人は世界にはいくらでもいる。上を目指せばきりがありません。そのことに気づき、せっかく給料が上がって得た幸せも、結局は長続きしないのです。

●長続きする幸せを得るために必要な「幸せの４つの因子」

では、長続きする幸せを得るにはどうすればいいのでしょうか？　それは、**「心と体をいい状態にすることで幸せになる」**ということです。そのうち、心の状態に着目すると、幸せな心の状態というものは数え切れないほどあります。それらを因子分析という手法によって整理したところ、４つにわけることができました。つまり、心がその４つの状態にあれば、強い幸福感を得られるというわけです。それらを、わたしは「幸せの４つの因子」と呼んでいます。

【幸せの４つの因子】

（１）「やってみよう」因子
（２）「ありがとう」因子
（３）「なんとかなる」因子
（４）「ありのままに」因子

では、子育て中の親と子どもはどうすれば幸せになれるのでしょうか？　4つの因子それぞれをベースにお話ししましょう。まずは「やってみよう」因子から。いまの子どもたちの多くは幼いときからたくさんの習い事をしたり、塾に通ったりしています。なかには、「通わされている」といったほうがいい子どももいるでしょう。これが大問題。やりたくもないことをやったところで幸せを感じられるでしょうか？　答えは考えるまでもなく「ノー」ですよね。**人は、自分の意志で「やってみよう」と思うことをやることで幸せを感じられる**からです。

親であるみなさんに注意してほしいのは、親自身も「やってみよう」と思っていなければならないということ。「自分は英語が苦手だったから」と、子どもを英語塾に通わせているだけでは、親の「やってみよう」が足りません。「幸せは伝染する」ものですから、親も「やってみよう」ということが日常になければならない。つまり、**親は親、子は子で、それぞれが好きなことをやることで互いに幸せが伝染し、親子そろって幸せになれる**のです。

ふたつ目は「ありがとう」因子です。イメージしやすいことだと思いますが、**感謝の気持ちを忘れない人は周囲といい人間関係を築けるので、当然、幸せを感じることができます。**ところで、みなさんは子どもに感謝していますか？　あるいは、夫や妻に感謝しているでしょうか？　子育ては本当に大変なものです。協力が足りないパートナーや駄々をこねる子どもに対して、ついイライラしてしまうこともあるでしょう。でも、それでは幸せはあなたから逃げてしまいます。**「わたしのパートナーでいてくれて、わたしの子どもに生まれてくれてありがとう」という気持ちを忘れず、日常的に「ありがとう」と口にする**ようにしてください。

●失敗した子どもに「グッジョブ！」と声をかけるアメリカ人

3つ目は「なんとかなる」因子です。「自信がない」「どうせ自分には無理」とネガティブ思考でチャレンジを恐れる人と、「なんとかなる」とポジティブに考えてさまざまなことにチャレンジしていく人ではどちらが幸せになれるでしょうか？　答えはもちろん後者です。そして、**子どもをポジティブ思考にするために重要となるのは、親の**

言葉かけです。

ここで、わたしがアメリカに住んでいたときに妻から聞いたエピソードをお話ししましょう。その日、妻はまだ幼かった子どもを公園で遊ばせていました。すると、アメリカ人の子どもが転んでしまった。その子の親は、どんな言葉をかけたと思いますか？　日本人なら、「大丈夫？」と心配し、「だから気をつけなさいっていったじゃない」なんて小言《こごと》をいってしまうかもしれません。

ところが、アメリカ人のその母親は、間髪入れずに「グッジョブ！」といったのだそうです。驚きですよね。アメリカ人は、**子どもがなにかにチャレンジして失敗するたび、「グッジョブ！」「ナイストライ！」と声をかける。**それを何度も繰り返すのですから、仮にもともとは引っ込み思案の子どもだったとしても、どんどんポジティブになっていくはずです。国民性というところもありますから簡単ではないかもしれませんが、みなさんも、**もっと前向きな言葉を子どもにかけてあげることを意識してはどうでしょうか。**

そして最後は「ありのままに」因子です。この因子を潰してしまうのは、「他人との比較」です。このことにも、「やってみよう」因子と同じように、いまの子どもがたくさんの習い事をしていることが悪影響を与えていると感じています。子どもが習い事をしていると、親としてはどうしても他の子どもとわが子の出来を比較してしまいがちです。そうして**他人と比較されてばかりいる子どもが幸せを感じられるはずもありません。**

そもそも、子どもの生育には非常に大きな個人差がありますし、親の希望でやらせている習い事が、その子が得意なことではないかもしれません。親の勝手な理想の子ども像をわが子にあてはめるのではなく、**わが子の「ありのまま」を受け入れ、また子ども自身にも「ありのままの自分でいいんだ」と思わせてあげましょう。**

●スキンシップをすれば幸福度が上がる

みなさんは、子どもと積極的にスキンシップをしていますか？　感覚的にもわかることかと思いますが、**スキンシップが多いほど幸福度が上がる**という研究結果があり

幸福学が導き出した幸せの4つの因子

幸福学で「幸せな心の状態」を分析した結果、4つの因子が作用していることがわかっている。これらの因子を意識して過ごすことで、親子で幸せを得られる

①「やってみよう」因子

自分の意志で能動的に行動することで、幸せを感じられる。親も子も、やりたいことを「やってみよう」

②「ありがとう」因子

他者への感謝の気持ちは、幸せを生むいい人間関係につながる。子どもに対しても感謝の気持ちを忘れずに

③「なんとかなる」因子

ポジティブ思考は、幸せになるための重要なファクター。子どもには前向きな言葉をかけてあげて

④「ありのままに」因子

子どもの生育には個人差があり、好みや興味もそれぞれにちがう。子どものありのままを受け入れること

ます。これは、神経伝達物質の影響によるものです。人間の脳は、他人とスキンシップすることにより、セロトニンやオキシトシンなど「愛情ホルモン」と呼ばれる神経伝達物質を分泌《ぶんぴつ》します。その働きにより、人は安心感を得て幸せを感じられるのです。

ですから、子どもに対してどんどんハグをしてください。もちろん、スキンシップであればいいのですから、握手でもいいし、肩や背中をポンポンとたたいたり、「いい子いい子」と頭をなでてあげたりすることでもいい。**とにかく、親子ともども幸せになりたいのなら、スキンシップを欠かさないこと**です。

そういう意味では、日本人はちょっと不利かもしれません。外国人と比べると、日本人のスキンシップは明らかに少ないからです。わたしの知り合いがとあるラテン系の銀行に就職したところ、「自分の席になかなかたどり着けない」と苦笑いしていました。というのも、席に着くまでのあいだ、清掃員のおばちゃんなど出会う人出会う人から、「今日も会えたね！」と、まるで1年ぶりに会ったかのように激しくスキンシップされるからだそう（笑）。

そのことを思えば、文化的にスキンシップが少ない日本人、とくに子育て中の親であるみなさんは、意識的に子どもとのスキンシップを増やしていく必要がありそうです。たとえ他人とのスキンシップには抵抗がある日本人でも、親子であれば問題ないでしょう。**スキンシップをすれば幸せになるように人間はできている**のですから、わが子を思う親なら、スキンシップをしない理由はありません。

●「子どもは宝物だ」という思考は危険

さて、愛情を持って子どもとスキンシップをすることはもちろん大切ですが、その愛情の中身については注意が必要です。みなさんのなかに、「愛する子どもをきちんと育てることこそがわたしの生きがいだ！」なんて考えている人はいないでしょうか？　それは、ちょっと危険な思考です。**子どもに依存している可能性がある**からです。

わたしの母の世代の女性には、そういう人が多かったように思います。そういう女性は、妻として夫に尽くし、母親として子どもを育てることが任務であり幸せだと考えていました。そして、夫に先立たれて子どもが独立すると、自分の役割がなくなったと感じ、幸せの代わりに虚脱感《きょだつかん》を抱くようになる。そういう人の予備軍が、いまの親世代の人にも見られるのです。

それこそ、「かわいい子どもには、できれば大きくならないでずっとそばにいてほしい」「将来、子どもが結婚して家を出ると思うといまから憂鬱《ゆううつ》」「子どもはわたしの宝物だ」なんて考えている人は危険です。

そういう思考を持っている人は、無意識のうちに子どもを自分の「持ちもの」のように思っています。いうまでもなく、**子どもは持ちものなどではなく、ひとりの独立した人間**です。だからこそ、「いずれわが家を出て他人になっていく子どもを遠くから応援しよう」という気持ちを持っていなければならないのです。

●子どものためにも、夫婦が仲良くしておくべき

そう考えると、親が持っておくべきもうひとつの大切な思考があります。それは、**夫婦こそが仲良くしておくべきだ**ということです。子どもが独立して家を出ていったとしたら、そのあとに家に残るのは夫婦ですよね？　それなのに、夫よりも、妻よりも「子どもが大事！」と子どもにばかり目を向けていれば、子どもが家を出た途端に、親はそれこそ虚脱感に襲われることになってしまいます。

いま、熟年離婚する夫婦も多いですよね。それも、いまお伝えしたような、子どもにばかり目を向けている親が多いことにもよるのではないでしょうか。子どもとスキンシップをしてコミュニケーションを取ることも大切ですが、夫婦のあいだでももっともっとコミュニケーションを取るべきです。

もっといえば、**親自身が自分の幸せを追求してほしい**。「子どものことを思えば、そんな勝手なことはできない」と考える人もいるかもしれません。でも、それは勝手なことなどではありません。むしろ、親自身が自分の幸せを追求することこそが子ど

ものためになるのです。**両親がしっかりコミュニケーションを取って幸せなカップルでいられたら、そんな両親の背中を見て育った子どもは、「自分もお父さんやお母さんみたいな家庭を築こう」と思うはずです。**

でも、親が子どもにばかり愛情を注いでしまうと、その子が大人になり子どもを持ったときも、自分の子どもに対して同じような愛し方しかできません。いわば、依存のループを子孫につないでしまうのです。そして、親に依存された子に最後に訪れるのは、虚脱感です。

みなさんも、わが子にそんな思いをさせたくはないでしょう。**親自身が幸せになることはわがままでも勝手なことでもなく、むしろ子どものため——。**そう考えて、子どもに依存しない親子関係を築いてください。

Point

- 「幸せの4つの因子」を大切に、子どもに前向きな言葉をかけてあげよう
- 親子のスキンシップは積極的に。「愛情ホルモン」が安心感を高める
- 親自身が自分の幸せを追求することが、子どものためになる

おわりに

　想像してみてください。子どもたちが、家族以外の人間と触れ合うことが禁止され、家のなかだけで育たなければいけない社会を。外出が許されるのは1日1回の散歩のみ。途中で同世代の子どもと出会っても、一緒に遊ぶことは許されない。ある程度の年齢になれば幼稚園や小学校に所属することになるが、授業はすべてオンラインで行われる。

　そんな社会で育った子どもたちは、そもそも「友だち」や「仲間」という概念を知りません。砂場で一緒に穴を掘ったり、ときどき喧嘩をしたり、あめ玉をわけ合ったりという経験がまったくない。そんな状態では、『ワンピース』や『ドラえもん』を見ても、なにが話のツボなのかを理解できないでしょう。

　大人がオンラインの仮想空間でも擬似的な友情を育めたり、擬似的な恋愛感情や絆を感じられたり、Ｚｏｏｍ飲みでもそこそこ楽しめたりするのは、リアルな体験の記憶をもとにして、それを自分のなかの拡張現実として利用することができるからです。ベースとなる原体験がなければ、オンライン技術がどんなに発展しても、おそらく現在の社会で使われる意味での社会性を育むことは不可能です。

そんな孤独な生活のなかで唯一心が躍る瞬間があるとすれば、散歩の道すがら、道ばたに咲く名もない花のかわいらしさに気づいたときや、虫などの小動物に出会ったときでしょう。雨の日には草木の喜びを感じることができます。嵐の日には自分たちの無力さを感じることができます。

ディストピア（理想郷の対義語）のような社会にあっても、自然さえ近くにあれば子どもたちはなにかを感じ取ることができます。文字通り、「国破れて山河あり」です。

さて、想像をやめて現実を見てみましょう。これが新型コロナウイルスの出現以降、世界中の人たちが経験した生活です。右記からふたつのことがいえます。

ひとつは、こんな状況のなかでも、近くに自然さえあれば子どもたちは多くを学ぶことができるということ。親が意図的につくり出す学びの機会とは桁違いの刺激が得られます。その原体験があることで、あとから学校で学ぶ知識が、単に脳に収納される文字情報ではなく、実感を伴う生きた情報として体に染み込みやすくなるのです。それがそのまま、「生きる力」になります。

もうひとついえることは、こんな状況が長く続けば、人類が社会的な生き物で居続けることは不可能だということ。人間は集団を形成することで、種としての生存競争を生き抜いてきました。それが人類の生存戦略です。しかしそれが通用しなくなるのだとしたら結論は明白です。種の絶滅。社会性が未発達なまま成長した〝大人〟たちが〝社会〟を担うようになれば、早晩大規模な諍《いさか》いが起こり人類は自滅するでしょう。

つまり、子どもたちの触れ合いを禁止するような社会に未来はありません。子どもたちが友だちとたくさんの時間を過ごし、喧嘩も仲直りも経験できるような環境を守ることを第一に考えることが、「ｗｉｔｈコロナ」時代の社会のあり方の土台とならなければいけないはずです。逆にいえば、コロナ禍《か》にあっても、学校や公園といった子どもたちの笑い声が聞こえる場所を極力リアルなかたちで維持存続できる社会が、生き残るということです。

わが子だけでなく、わが子とともに未来の社会を担う子どもたち全体のことまで考える視野を親たちみんなが持たなければ、わが子の未来もないのです。わが子のことを本当に思うのならば、わが子を〝勝ち組〟に育てることよりももっと大切なことがあるとわかるはずです。

経済のグローバル化だとかＡＩ技術の発展だとかは些末《さまつ》な変化です。変化の本質は、競争より共栄の時代になったということです。

２０２０年11月

おおたとしまさ

プロフィール（本書掲載順）

小関俊祐（こせき・しゅんすけ）

1982年生まれ、山形県出身。博士（学校教育学）。桜美林大学リベラルアーツ学群准教授、日本ストレスマネジメント学会常任理事。他に、日本認知・行動療法学会公認心理師対応委員及び倫理委員、一般社団法人公認心理師の会運営委員及び教育・特別支援部会長も務める。子どもを対象とした認知行動療法を中心として、主に学校、家庭、地域における臨床実践・研究を推進している。小学校～高校における学級集団を対象としたストレスマネジメントや学校における特別支援教育の支援方法の検討、発達障害のある子どもとその保護者に対する支援を中心に研究と臨床を行う。また、東日本大震災以降、被災地での心理的支援も継続して実施している。

嶋村仁志（しまむら・ひとし）

1968年生まれ、東京都出身。一般社団法人 TOKYO PLAY 代表理事、日本冒険遊び場づくり協会理事、大妻女子大学非常勤講師。英国リーズ・メトロポリタン大学ヘルス & ソーシャルケア学部プレイワーク学科高等教育課程修了。1996年に羽根木プレーパークの常駐プレーリーダー職に就いて以降、プレイワーカーとして川崎市子ども夢パーク、プレーパークむさしのなど各地の冒険遊び場のスタッフを歴任。その後フリーランスとなり、国内外の冒険遊び場づくりをサポートしながら、研修や講演会を行う。2010年、「すべての子どもが豊かに遊べる東京」をコンセプトに一般社団法人 TOKYO PLAY を設立。共著書に『子どもの放課後にかかわる人の Q&A50 子どもの力になるプレイワーク実践』（学文社）がある。

渡辺弥生（わたなべ・やよい）

大阪府出身。法政大学文学部心理学科教授。筑波大学卒業、同大学大学院博士課程心理学研究科で学んだあと、筑波大学文部技官、静岡大学助教授、ハーバード大学在外研究員、カリフォルニア大学客員研究員等を経て現職。法政大学大学院ライフスキル教育研究所所長も務める。専門は発達心理学、発達臨床心理学、学校心理学。著書に『子どもの「10歳の壁」とは何か？ 乗りこえるための発達心理学』（光文社）、『感情の正体 発達心理学で気持ちをマネジメントする』（筑摩書房）、監修書に『イラスト版 子どもの感情力をアップする本 自己肯定感を高める気持ちマネジメント 50』（合同出版）、『まんがでわかる発達心理学』（講談社）などがある。

井戸ゆかり（いど・ゆかり）

東京都出身。東京都市大学人間科学部教授。専門は発達臨床心理学、保育学、児童学。学術博士。東京都市大学二子幼稚園教育アドバイザー、渋谷区子ども・子育て会議会長、横浜市子育てサポート研修講師などを務める。二児の母。著書に『子どもの「おそい・できない」にイライラしなくなる本』（PHP 研究所）、『「気がね」する子どもたち－「よい子」からの SOS －』（萌文書林）、編著に『保育の心理学 実践につなげる、子どもの発達理解』（萌文書林）、監修書に『1 さいのなぁに？ のびのび育つ！ 親子ふれあい絵本』『2 さいのなぁに？「知りたい」がいっぱい！ であい絵本』（ともに PHP 研究所）などがある。

本田恵子（ほんだ・けいこ）

早稲田大学教育学部教授。中学、高校の教員を経験したあと、教育現場にカウンセリングの必要性を感じて渡米。アメリカにて特別支援教育、危機介入法などを学び、カウンセリング心理学博士号取得。帰国後にスクールカウンセラー、玉川大学人間学科助教授等を経て現職。学校、家庭、地域と連携しながら、児童、生徒を支援する包括的スクールカウンセリングを広めている。2000 年代からは、矯正教育の専門家を対象としたアンガーマネジメント研修の講師も務める。著書に『改訂版 包括的スクールカウンセリングの理論と実践』（金子書房）、『脳科学を活かした授業をつくる 子どもが生き生きと学ぶために』（みくに出版）などがある。

鈴木みゆき（すずき・みゆき）

1955 年生まれ、東京都出身。お茶の水女子大学大学院家政学研究科児童学専攻修了。医学博士。和洋女子大学人文学群こども発達学類教授を経て、2017 年 4 月に独立行政法人国立青少年教育振興機構理事長に就任。過去には文科省中央教育審議会幼児教育部会委員、厚労省社会保障審議会保育専門委員会委員、内閣府教育再生実行会議専門調査会委員などを歴任した子ども教育のスペシャリスト。現在、内閣府「子供・若者育成支援推進のための有識者会議」委員も務める。監修書に『ユーキャンの子どもの発達なんでも大百科』（U-CAN）、『やさしくわかる 月齢別 育児のきほん事典』（西東社）などがある。

増田修治（ますだ・しゅうじ）

1958 年生まれ、埼玉県出身。白梅学園大学子ども学部子ども学科教授。埼玉大学教育学部卒業後、小学校教諭として埼玉県朝霞市内の小学校に勤務。「ユーモア詩」に取り組み、子どもたちのコミュニケーション能力の向上を図るとともに、楽しい学級づくり、保護者とのコミュニケーションづくりを行う。2002 年には NHK『にんげんドキュメント 詩が躍る教室』が放映され反響を呼んだ。2008 年 3 月末で小学校教諭を退職し、白梅学園大学准教授を経て現職。著書に『子どものココロが見えるユーモア詩の世界 親・保育者・教師のための子ども理解ガイド』（ぎょうせい）、『幼児期の終わりまでに育ってほしい 10 の姿を育む保育実践 32』（黎明書房）などがある。

大豆生田啓友（おおまめうだ・ひろとも）

1965 年生まれ、栃木県出身。玉川大学教育学部教授。青山学院大学大学院文学研究科教育学専攻修了後、青山学院幼稚園教諭等を経て、現職。専門は乳幼児教育学・保育学で、現在、日本保育学会副会長。メディア出演も数多い。著書に『子育てを元気にする絵本 ママ・パパ・保育者へ。』（エイデル研究所）、編著に『「語り合い」で保育が変わる 子ども主体の保育をデザインする研修事例集』（学研プラス）、共著に『非認知能力を育てる あそびのレシピ 0 歳～ 5 歳児のあと伸びする力を高める』（講談社）、『日本が誇る！ていねいな保育 0・1・2 歳児クラスの現場から』（小学館）、監修書に『マンガでわかる！ 保育って「いいね！」』（ひかりのくに）、などがある。

野上美希（のがみ・みき）

1977 年生まれ、千葉県出身。一般社団法人キッズコンサルタント協会代表理事。東北大学工学部卒業後、株式会社日本総合研究所にてコンサルティング、事業企画、採用、営業と多岐にわたる経験をしたあと、株式会社マイナビで人材紹介事業部の立ち上げに従事。営業部長として複数の部下をマネジメント。その後、自身の妊娠を機に久我山幼稚園の運営に携わり、産後の母の孤独を解消するための子育てひろば開設を皮切りに、働く母の支援のため、幼児教育をベースとした民間学童や 6 つの認可保育園を開設。また、民間学童指導員資格であるキッズコンサルタント資格を認定する一般社団法人キッズコンサルタント協会を立ち上げ、代表理事を務めている。

石川尚子（いしかわ・なおこ）

1969年生まれ、島根県出身。ビジネスコーチ、株式会社ゆめかな代表取締役。大阪外国語大学外国語学部卒業後、株式会社PHP研究所入社。2002年、同社を退社してビジネスコーチとして独立後、2008年に株式会社ゆめかなを設立して代表取締役に就任。現在は、経営者、起業家、管理職、営業職へのパーソナル・コーチングを行う傍ら、コミュニケーションスキルの向上、子どもの本音と行動を引き出すコミュニケーションなどをテーマにした研修講師として活動中。著書に『増補 子どもを伸ばす共育コーチング』（柘植書房新社）、『コーチングで学ぶ「言葉かけ」練習帳』（ほんの森出版）、『オランダ流コーチングがブレない「自分軸」を作る』（七つ森書館）などがある。

田中博史（たなか・ひろし）

1958年生まれ、山口県出身。山口大学教育学部卒業後、山口県内の公立小学校3校の教諭、筑波大学附属小学校教諭を経て、2017年から同校副校長。2019年3月に退職後、現在は筑波大学人間学群非常勤講師の他、「授業・人（じゅぎょう・ひと）塾」という教師塾の代表を務める。専門は算数教育、授業研究、学級経営、教師教育。これまでに全国算数授業研究会会長、筑波大学学校数学教育学会理事、学習指導要領実施状況調査委員などを歴任。著書に『田中博史の算数授業実況中継』（東洋館出版社）、『子どもに教えるときにほんとうに大切なこと』『子どもと接するときにほんとうに大切なこと』（ともにキノブックス）などがある。

柳沢幸雄（やなぎさわ・ゆきお）

1947年生まれ、東京都出身。北鎌倉女子学園学園長。東京大学工学部化学工学科卒業後、システムエンジニアとして民間企業に3年間勤めたのち、東京大学大学院工学系研究科化学工学専攻博士課程修了。ハーバード大学公衆衛生大学院准教授、同併任教授、東京大学大学院新領域創成科学研究科教授などを経て、2011年に開成中学・高校の校長に就任。2020年3月に退任後、4月から現職。研究者としてはシックハウス症候群・化学物質過敏症研究の第一人者でもある。著書に『空気の授業』（ジャパンマシニスト社）、『男の子を伸ばす母親が10歳までにしていること』（朝日新聞出版）、『見守る勇気「世界一優秀な18歳」をサビつかせない育て方』（洋泉社）などがある。

森口佑介（もりぐち・ゆうすけ）

1979 年生まれ、福岡県出身。京都大学大学院文学研究科准教授。京都大学文学部卒業、京都大学大学院文学研究科修了。博士（文学）。専門は発達心理学、発達認知神経科学で、子どもの想像力や実行機能の発達について研究している。著書に『自分をコントロールする力 非認知スキルの心理学』（講談社）、『おさなごころを科学する 進化する乳幼児観』（新曜社）、『わたしを律するわたし 子どもの抑制機能の発達』（京都大学学術出版会）、監修書に『インスタントヘルプ！ 10 代のための実行機能トレーニング 準備が苦手、忘れものが多い、考えがまとまらない子どもをヘルプするワーク』（合同出版）などがある。

諸富祥彦（もろとみ・よしひこ）

1963 年生まれ、福岡県出身。心理学者。明治大学文学部教授。「時代の精神（ニヒリズム）と闘うカウンセラー」「現場教師の作戦参謀」を自称する。1986 年、筑波大学人間学類卒業。1992 年、同大学大学院博士課程修了。英国イーストアングリア大学、米国トランスパーソナル心理学研究所客員研究員、千葉大学教育学部講師、同大学教育学部助教授を経て、2006 年より現職。専門は人間性心理学、トランスパーソナル心理学。スクールカウンセラーとしての活動歴も長く、学校カウンセリングや生徒指導の専門家でもある。著書に『いい教師の条件』（SB クリエイティブ）、『教師の悩み』（ワニブックス）、『孤独の達人 自己を深める心理学』（PHP 研究所）、『「本当の大人」になるための心理学 心理療法家が説く心の成熟』（集英社）などがある。

前野隆司（まえの・たかし）

1962 年生まれ、山口県出身。慶應義塾大学大学院システムデザイン・マネジメント研究科（SDM）教授。1984 年、東京工業大学工学部機械工学科卒業。1986 年、東京工業大学大学院理工学研究科機械工学専攻修士課程修了。キヤノン株式会社、カリフォルニア大学バークレー校客員研究員、慶應義塾大学理工学部教授、ハーバード大学客員教授等を経て、2008 年より現職。研究領域は、幸福学をはじめ、認知心理学、脳科学、倫理学、イノベーション教育学、創造学と幅広い。著書に『7 日間で「幸せになる」授業』（PHP 研究所）、『年収が増えれば増えるほど、幸せになれますか？ お金と幸せの話』（河出書房新社）、『感動のメカニズム 心を動かす Work & Life のつくり方』（講談社）などがある。

監修

おおたとしまさ

1973 年生まれ、東京都出身。育児・教育ジャーナリスト。雑誌編集部を経て独立し、数々の育児・教育媒体の企画・編集に携わる。中学高校の教員免許を持っており、私立小学校での教員経験や心理カウンセラーとしての活動経験もある。現在は、育児、教育、夫婦のパートナーシップ等に関する書籍やコラム執筆、講演活動などで幅広く活躍する。著書は『21 世紀の「女の子」の親たちへ』『21 世紀の「男の子」の親たちへ』（ともに祥伝社）など 60 冊以上。

編

STUDY HACKER
こどもまなび☆ラボ

2018 年 2 月開設。「子どもたちの“学び”に焦点を合わせ、科学的に正しいとされる、信頼できる情報のみを発信する」ことがコンセプトの教育系ウェブメディア。「あたまを使う」「からだを動かす」「音楽をたのしむ」「芸術にふれる」「教育を考える」といったカテゴリー別に、最先端の教育情報と専門知識をわかりやすく伝え、親たちの支持を得ている。教育学、心理学、精神医学、脳科学など分野を横断し、“これからの学び”を伝える専門家インタビューも人気。
https://kodomo-manabi-labo.net/

究極の子育て
自己肯定感×非認知能力

2020年11月16日　第1刷発行

編者　STUDY HACKER こどもまなび☆ラボ
監修者　おおたとしまさ
発行者　長坂嘉昭
発行所　株式会社プレジデント社
〒102-8641
東京都千代田区平河町2-16-1 平河町森タワー13階
https://www.president.co.jp
電話　03-3237-3731（編集・販売）

装丁・本文デザイン　柿澤真理子
イラスト　峰村友美
企画・構成　岩川 悟（合同会社スリップストリーム）
編集協力　清家茂樹（株式会社ESS）

販売　桂木栄一　高橋 徹　川井田美景
森田 巌　末吉秀樹
編集　柳澤勇人
制作　関 結香

印刷・製本　中央精版印刷株式会社

ISBN 978-4-8334-4030-1
Printed in Japan